ELIANE GAMACHE LATOURELLE
MARC FISHER

La Jeune Millionnaire

et les secrets
~ parfois tristes ~
de son succès

UN MONDE DIFFÉRENT

Catalogage avant publication de Bibliothèque et Archives nationales du Québec et
Bibliothèque et Archives Canada

Gamache Latourelle, Eliane, 1984-

    La jeune millionnaire, et les secrets (parfois tristes) de son succès : une histoire vraie

    ISBN 978-2-89225-862-2

    1. Succès – Aspect psychologique. 2. Richesse – Aspect psychologique. 3. Gamache
Latourelle, Eliane, 1984- . I. Fisher, Marc, 1953- . II. Titre.

BF637.S8G35 2014   158.1   C2014-941947-3

Adresse municipale :
Les éditions Un monde différent
3905, rue Isabelle, bureau 101
Brossard (Québec) Canada J4Y 2R2
Tél. : 450 656-2660 ou 800 443-2582
Téléc. : 450 659-9328
Site Internet : http://www.umd.ca
Courriel : info@umd.ca

Adresse postale :
Les éditions Un monde différent
C.P. 51546
Greenfield Park (Québec)
J4V 3N8

Dépôts légaux : 4e trimestre 2014
Bibliothèque et Archives nationales du Québec
Bibliothèque et Archives Canada
Bibliothèque nationale de France

Conception graphique de la couverture :
OLIVIER LASSER

Photo de la couverture :
WILLIAM MAZZOLENI

Le fauteuil de la couverture a été gracieusement fourni par :
MARIA PAPANIKOLAOU, propriétaire :
LES CRÉATIONS DIMITRI
6355, av. du Parc, Montréal (Québec), tél. : 514 276-1979

Photocomposition et mise en pages :
ANDRÉA JOSEPH [pagexpress@videotron.ca]

Typographie : Minion 12 sur 14,6 pts

ISBN 978-2-89225-862-2

*Nous reconnaissons l'aide financière du gouvernement du Canada par l'entremise du
Fonds du livre du Canada (FLC) pour nos activités d'édition.*

*Gouvernement du Québec – Programme de crédit d'impôt pour l'édition de livres –
Gestion SODEC.*

Gouvernement du Québec – Programme d'aide à l'édition de la SODEC.

Imprimé au Canada

« Caractère égale destinée. »

— HÉRACLITE

Sommaire

Présentation

*Comment j'ai rencontré la jeune millionnaire
– et pourquoi j'ai écrit ce livre avec elle*

Je lui avais donné rendez-vous.

Chez moi.

Tout de suite, elle m'a plu, comme m'a plu son idée : qu'il n'y avait pas de jeune modèle féminin de succès. Juste (à quelques exceptions près) des hommes aux tempes grises.

Or Eliane était blonde. Et jeune.

Et déjà millionnaire à 30 ans.

J'ai voulu savoir pourquoi.

Au début, elle ne me le disait pas.

Quand elle s'en est enfin ouverte, le sous-titre de ce bref traité de la liberté (pas seulement financière) m'est apparu, comme un bel oiseau dans le ciel de ma vie : *et les secrets (parfois tristes) de son succès.*

En effet, Eliane s'est mise à nu, révélant les citrons que la vie lui a souvent donnés et dont elle dit avec philosophie et humour qu'elle en a extrait de la « millionnade ».

Séduit par sa « folie », par son ambition et par son extraordinaire affirmation de soi, je me suis dit : *Voilà la (jeune) millionnaire en jupon, voilà le pendant féminin du vieux millionnaire de ma populaire série.*

Un mois après notre rencontre, Eliane, tout en gérant ses cinq (ou six) pharmacies et ses innombrables amis, accouchait d'un manuscrit de 275 pages qui servit de base à cet ouvrage.

En le polissant, je pensais à elle, forcément, mais je pensais aussi constamment à Julia, ma fille de 16 ans, et je priais le Ciel de la sorte : « Ah ! Mon Dieu, si Juju pouvait lire ça ! Si Juju pouvait s'inspirer de la vaillance et de l'ambition d'Eliane, quel père heureux je serais ! »

C'est un livre, vous l'aurez compris, qu'on peut et même devrait mettre entre toutes les mains. Celles de jeunes femmes certes (et on a l'âge de ses rêves, pas celui de son épiderme !) ainsi que de jeunes hommes ambitieux qui comprennent que, comme le disait Sacha Guitry : « Le monde appartient aux femmes. » Il a ajouté, brillamment : « Mais les femmes appartiennent aux hommes. »

Sauf que... je ne suis plus sûr que ce soit encore vrai : le Boys Club est en train de devenir un Girls Club.

Père d'une fille, je ne peux que m'en réjouir.

Alors lisez ce livre !

Surtout, appliquez-en les inspirantes leçons.

Il peut changer votre vie.

Et vous pouvez changer le monde.

Voilà un beau défi.

Marc Fisher

Un mot de Johanne Boivin

Touchante, vraie, authentique… mais bouleversante. Telle une tempête dans la vraie vie, Eliane saura changer votre parcours. Combien de personnes ont besoin de cet élan, de cette poussée, de ce livre !

Je l'ai lu et je me suis reconnue à plusieurs reprises.

Ce rêve d'avoir son entreprise, Eliane nous le fait toucher des doigts. Cette peur qui nous paralyse, elle en parle, elle la défie.

Je suis heureuse qu'une femme dans la jeune trentaine devienne un mentor, une inspiration… C'est la relève !

Bravo à toi, Eliane, et merci de me faire revivre les émotions de mes débuts, car moi aussi à mes débuts, j'avais, comme presque tous ceux qui se lancent en affaires, des rêves fous. Ils commencèrent tôt comme les tiens.

Dès l'âge de six ans, je coupais des réglisses en plus petits bonbons pour les vendre aux passants !

Puis pour concrétiser mon rêve d'avoir un jour mes propres marques de sac à main, j'ai porté pas très glorieusement mon sac à dos en Asie (telle une croix) pour trouver cette manufacture qui oserait réaliser mes dessins, qui accepterait de couper pour moi une centaine de sacs par opposition aux conteneurs de ses concurrents.

Mais assez parlé de moi, même si le rêve d'Eliane, comme celui de tant de jeunes femmes d'affaires, ressemble au mien comme se ressemble notre combat dans un monde qui ne nous accueille pas nécessairement à bras ouverts. Mais Eliane sait y faire!

JOHANNE BOIVIN
Fondatrice de Joanel

Remerciements

Vous pouvez les sauter, car ils sont longs, mais votre nom figure peut-être dedans…

Ceux d'Eliane Gamache Latourelle :

Merci à tous ceux qui m'ont dit un jour que mes rêves étaient irréalistes : vous m'avez motivée à vous prouver qu'ils se réaliseraient.

Merci à tous ceux qui ont cru en moi et qui m'ont acceptée telle que j'étais… un peu folle, je l'admets.

Merci également à :

Ma «mafia» personnelle du Ritz, qui me fait rire aux larmes à chacun de nos petits-déjeuners mensuels : Christine Michaud, Karim Sénoussi, Serge Beauchemin, Chan Tep et, bien sûr, le «Parrain»… mon coauteur, Marc Fisher, qui m'a tout de suite dit OUI, son mot favori. (Marc, merci pour ton immense confiance.) Merci aussi aux nouveaux membres et amis, Marc Labrèche et André Dupuy.

Un merci tout spécial à une femme qui m'inspire par sa créativité et son invention, Johanne Boivin, fondatrice de Joanel.

Mes trois amies d'université qui ont toujours cru en moi : Chantal Morin (Chante), Jessie Galarneau et Laurence Duhamel (L'Eau)…

Danielle Hébert, pour être ma complice, mon amie et mon associée. Sans toi, mon quotidien ne serait pas le même… et pour tout le soutien que tu me donnes au quotidien. Je t'aime plus que tout, mon amie.

Joelle Désaulniers, ma styliste adorée, mon amie, ma presque sœur, pour t'occuper de mon style, de mes vêtements à tous les jours. Que ferais-je sans toi ? Tu es la meilleure. Merci à toi et à William Mazzoleni, merveilleux photographe, pour la page couverture.

Catherine Lechasseur, pour ton écoute, ton appui, ton amitié sincère. Mon amie, tu es si précieuse.

Mes premières amies de l'UdeM : Julie Aubé, Bianca Stortini et Anne-Marie Côté… Une amitié comme la vôtre, ça vaut de l'or.

Valérie Chouinard-Audette, pour m'entraîner quotidiennement. Que serait mon corps sans toi ? (PS : L'entraînement est une excuse pour te voir au quotidien.)

Annie Dupont. Merci de croire en moi et je crois en toi.

Ariane Blais, pour son talent… Tes magnifiques toiles me remplissent d'émotion et d'inspiration.

Eric Querry, mon ami, merci pour tout ce que tu as fait pour ma mère et moi lors de la mort de mon père… Et pour tout le reste. Je serai toujours là pour toi, promis !

Derek Morin pour ton opinion sur le livre, ton empathie et ton humour. Jennifer Morin, merci d'être entrée dans ma vie.

Mon incroyable voisin, Martin Drolet. Pour tous nos moments, ta présence. Avoir un voisin comme toi, c'est magique. Je t'aime fort. Merci de croire en moi.

Maxime Fournier-Rioux, n° 81, futur joueur de la LCF, je te le souhaite (reste à Montréal pour les Alouettes, STP). Max, merci d'être *fucking down* pour tout. Merci de me divertir sans fin et de m'accompagner tous les jours de ma vie dans la réalisation de mes rêves. Merci, papa, de l'avoir mis sur mon chemin...

Hugues Gélinas et Nathalie Corbeil (PlanSanté), merci de croire en moi et de m'appuyer comme vous le faites.

Sylvie Dagenais pour avoir pris le temps de peindre une magnifique toile.

Mes autres amis : Sébastien Fontaine, Benoît Fredette, Alex Beaulieu, Luke Bélanger, Mark Giroux et Marco Laliberté.

Merci à mes associés et amis, qui me permettent de concrétiser mes rêves en me laissant de la liberté : Dominic Chamberland-Pinto, Jean-François Lafrance, Walid Khoder et Kym Archambault.

Anny Fouquette, ma *top* gérante assistante généraliste... pour ton dévouement sans fin. Tu es la meilleure. La *top* des *top*.

TOUS mes employés que j'adore pour votre travail quotidien. Je vous le dis souvent, vous êtes la crème de la crème. Je suis fière de vous.

Kim Lizotte pour m'avoir permis d'utiliser ton merveilleux texte. Tu m'as touchée comme jamais avec tes mots. Tu as un immense talent.

Michel Ferron pour m'avoir fait confiance même si j'étais une parfaite inconnue.

Ma famille, tout spécialement grand-maman Lulu (Lucille Latourelle) et grand-papa Fernand (Fernand Gamache), mes cousins (merci à Jean-Francis Laganière pour avoir lu mon livre et m'avoir donné tes commentaires) et cousines.

Mes parents, Carmen Latourelle et Richard Gamache, pour m'avoir permis d'être qui je suis aujourd'hui. Vous êtes les deux personnes les plus importantes de ma vie : ma mère sur terre et mon père au ciel.

Merci, papa, pour m'avoir partagé ton journal, ta vie, tes secrets durant trois mois sur ton lit de mort. Merci pour votre amour.

Et merci à tous ceux qui osent et oseront passer à l'action pour matérialiser leurs rêves : vous êtes des preuves vivantes que tout est possible, vraiment tout.

Ceux de Marc Fisher vont à :

Eliane, coauteure idéale.

Christine Michaud, qui a eu un coup de foudre pour le manuscrit, comme tous ceux qui la rencontrent en ont un pour elle. Les autres sont aveugles ou idiots.

Serge Beauchemin, pour ses conseils d'une valeur inestimable : quoi de plus normal ? il est dragon et millionnaire.

Danièle Henkel, pour son exemple royal : quand l'intuition trace la voie…

Mario Cantin et Martin Lavigne, grands banquiers devant l'Éternel !

Mariève Tremblay, dont l'enthousiasme pour le manuscrit nous a mis en feu.

Marie-Ève Lamontagne, qui a dit : « Je veux rencontrer cette femme ! »

Jenny Langevin, pour ses remarques subtiles et avisées.

Sophie Bérubé, qui avait raison sur un point, et pas nécessairement de droit, même si elle est avocate.

Pam Sauvé, qui s'est pâm… ée et qui criait de joie et pleurait en lisant le manuscrit : merciiiii !

Janic Losier et sa collaboratrice, Vicky Girouard, qui ont tout de suite crié : « Moi aussi je veux être la jeune millionnaire ! »

Annie Létourneau, conférencière de grand talent, qui a tout de suite dit « J'aime » : c'est le plus beau des poèmes.

Mon ami Marc-André Morel, auteur et conférencier, pour ses conseils stratégiques : il sait y faire.

Caroline Codsi, de La Gouvernance au féminin (entre autres hauts faits), qui a tout de suite reconnu qu'Eliane menait le même (admirable) combat qu'elle…

Carolyn Chouinard, romancière, pour ses notes et contre-notes.

Lise Labbé et Jacques Côté qui, avec leurs yeux de lynx, ont repéré nos oublis et poli nos maladresses.

Mon ami éditeur Michel Ferron, qui a pris 13 secondes de réflexion pour dire : « J'embarque ! »

Pierre Péladeau, un des mentors de ma jeunesse, que j'appelais affectueusement « patron » et qui le fut effectivement pendant six ans, et qui me manque infiniment, comme ma lointaine jeunesse peut-être et comme, assurément…

… mon défunt père, Charles-Albert Poissant, qui m'a laissé le plus bel héritage, ses valeurs : l'optimisme, la discipline, l'ambition, le travail acharné et la joie de vivre.

« Petite mère », qui m'a légué sa verve intarissable et l'amour des fleurs.

Et ma fille Julia, qui me dit tous les jours : « Je t'aime, peuuupa. »

Voilà !

1

Pourquoi j'ai écrit ce livre

Je m'appelle Eliane Gamache Latourelle.

J'ai 30 ans, je suis déjà millionnaire et… encore célibataire, ce qui est un mystère pour moi.

Car j'aime les hommes et je ne suis pas vilaine de ma personne. Ça doit être notre époque – ou mon succès – qui me condamne à ce sort.

Pharmacienne de formation et femme d'affaires par vocation, je suis blonde, comme Paris Hilton, mais je n'ai pas, comme elle, hérité d'une fortune.

Pourtant mes parents m'ont peut-être laissé un héritage plus important que des millions.

Ils m'ont laissé… une leçon ! De vie. Dont j'ai vraiment tiré profit.

Voici la chose, exprimée le plus simplement du monde : mes parents ont toujours été angoissés par l'argent.

Pourtant mon père était pharmacien, et donc en principe il gagnait convenablement sa vie.

Mais il a été obligé de remettre les clés de ses deux pharmacies à une grande chaîne qui s'était moquée de lui, et deux pharmacies où il a travaillé ont fermé leurs portes.

Paniqué, marqué à jamais, il a travaillé comme un fou le reste de sa brève vie, parfois 90 heures par semaine, en bon pourvoyeur qu'il a toujours été, et aussi en pharmacien passionné par son métier : il était, comme moi plus tard, amoureux de ses clients, qui étaient tous devenus ses amis, sa deuxième famille à la vérité.

À la fin – qui est venue si vite dans son cas –, il en est mort. Il avait toujours été un mari et un père absent : il s'est absenté définitivement à 62 ans !

Je crois que ma folle ambition est née précocement de son angoisse de manquer d'argent.

Je me suis dit : *Jamais je ne referai semblable erreur, jamais je ne laisserai l'argent être mon maître, il sera juste mon serviteur !*

Je ne vivrai pas uniquement de mon travail, je… vivrai aussi.

Pour ne pas courir de risque, pour échapper à la tyrannie de l'argent qui ruine tant de vies, je deviendrai riche et le plus vite possible : je deviendrai la jeune millionnaire !

J'ai peut-être réagi fort. Je n'y peux rien : je suis émotive et… extrémiste.

Les demi-mesures, ce n'est pas ma tasse de thé.

Et la mort de mon père m'a dévastée et a tellement renforcé mes convictions : je l'aimais tant, t'as pas idée.

Pour en avoir une, pense que le stupide petit million que j'ai amassé, je le donnerais en une fraction de seconde à l'étranger – parfait ou pas – qui me ramènerait mon petit papa.

Mais il ne s'est jamais présenté, cet étranger.

Et mon petit papa ne m'a pas laissé le numéro de téléphone pour le joindre, là où il est.

2

De moins 20 000 $ à...
un million avant 30 ans !

Je ne suis pas partie de zéro, mais de... moins 20 000 $!

C'est ce que je devais sur ma marge de crédit – merci à la patiente Banque Nationale qui m'a toujours soutenue !

C'est la somme de mes dettes à la fin de mes études de pharmacienne à l'Université de Montréal.

Il faut dire que je n'avais pas juste étudié : j'avais aussi... fêté !

Il faut bien décompresser : on ne peut pas passer toutes ses nuits le nez dans ses livres !

Car, en bonne future professionnelle de la santé, je voulais aussi étudier... le sexe opposé, question de bien le soigner, une fois diplômée !

J'ai donc démarré endettée de 20 000 $ – dont la dépense me laisse quand même des souvenirs amusants, vraiment !

Quand on hésitait devant une nouvelle extravagance, justement parce qu'on manquait d'argent, comme 99 % des étudiants

– et… 90 % des gens, hélas ! – on criait : « *Fuck*, sur la marge de crédit ! »

Et on ajoutait, gonflés à *fuck,* je veux dire à bloc, confiants en notre avenir, en notre bonne étoile, en la Vie qu'on aimait comme on doit l'aimer à 20 ans, sinon on a un grave problème :

« Ça sera rien quand on sera millionnaires ! »

Ce qui m'est arrivé, par quelque bizarrerie de la vie.

Ou la magie de mon ambition.

Ou alors, est-ce l'inquiétude de mon enfance (avec des parents hyper angoissés) que j'ai transformée en une sorte de méthode, comme lorsqu'on se noie dans ses larmes et qu'on cherche un remède ?

Ces circonstances m'ont en tout cas conduite prématurément au million.

La vérité est que je pourrais d'ores et déjà prendre ma retraite, à l'âge où la plupart des gens sont en début de carrière.

Mais je m'amuse trop pour mettre déjà le holà.

Pourquoi stupidement jeter un jouet qui me procure quotidiennement tant de joies ?

Ce livre révèle les jalons de mon chemin vers ce premier million, et les secrets (parfois tristes) de mon ambition.

Et de ma libération. De la tyrannie trop répandue et si ruineuse de l'argent.

Si j'ai décidé de me raconter, ce n'est pas pour me vanter de cette réussite, au fond bien modeste, même si, bien sûr, il n'y a pas tant de femmes de mon âge qui sont indépendantes de fortune.

Il y a de bien plus grands succès que le mien, surtout à notre époque – formidable à cet égard – où des jeunes qui viennent à peine de franchir le cap de la vingtaine ont déjà amassé des millions par centaines et même beaucoup plus. Mark Zuckerberg, cofondateur de Facebook, né en 1984 tout comme moi, a déjà une fortune estimée, en 2014, au moment où j'écris ces lignes, à 30 milliards de dollars.

Donc forcément, quand je dis que je suis millionnaire à 30 ans, je ne peux pas donner dans la vantardise sans être taxée de sottise : je suis « pauvre » en comparaison.

Je veux surtout que les femmes, jeunes ou moins jeunes – et c'est au fond ma vraie mission dans la vie –, comprennent qu'elles aussi peuvent être « pauvres » comme moi et surtout, oui, SURTOUT, se libérer de la corvée épuisante et déprimante de vivre d'un (maigre) chèque de paie à l'autre, alors qu'elles valent des millions et que jamais personne ne le leur a dit. Même que la plupart des gens (et parfois ceux qui prétendument les aiment) leur ont affirmé exactement le contraire !

Car ce n'est pas la joie, entre toi et moi, lorsque même avec ton chèque de paie en main, tu as de la difficulté à arriver, et que tu ne peux pas mettre ce que tu veux dans ton panier d'épicerie sans regarder le prix.

Souvent, en plus, comble de la joie, tu dois laisser contrôler ton budget – donc ta vie et ton lit ; tu me suis, l'amie ? – par un homme.

Il y en a qui sont jolis, mais pas tous, surtout quand tu apprends à les connaître.

Moi je te le dis tout de suite : je n'aime pas qu'un autre puisse contrôler ma vie (souvent parce qu'il n'est même pas capable de contrôler la sienne !) et se croie en droit de me dire ce que je suis, ce que je vaux.

J'écris donc ce livre pour les femmes qui veulent être payées à leur juste valeur.

Vraiment.

Pas selon la valeur que leur attribuent les hommes.

Il y a parfois, tu l'as peut-être déjà noté, une différence qui ne nous avantage pas tout à fait, nous les femmes – jeunes et moins jeunes.

Les hommes, inutile de le préciser, ont le droit de me lire, et ils en tireront profit, du moins je le crois. Et peut-être voudront-ils rencontrer la jeune millionnaire... célibataire !

Il faut faire flèche (de Cupidon) de tout bois !

Oui, j'écris ce livre pour les jeunes femmes talentueuses qui veulent un modèle de réussite autre que des... hommes d'un certain âge, sinon d'un âge certain, qui n'ont pas éprouvé, pour faire fortune, les mêmes problèmes que les femmes, surtout jeunes comme moi !

Car on aura beau dire, et malgré l'égalité (théorique) des sexes, en fait, le monde des affaires et de l'argent reste encore trop souvent un monde d'hommes, un Boys Club.

Car pour 100 hommes entrepreneurs, il y a combien de femmes ?

Une, deux, cinq au mieux ?

Les choses changent, je sais, mais comme je suis de nature impatiente, je couche mes pensées sur le papier pour que ça bouge encore plus vite.

Si le mode d'emploi de ma réussite rapide t'intéresse, amie lectrice, si tu ne veux pas, comme mes parents, être esclave de l'argent, lis toutes affaires cessantes ce qui suit !

M'est avis que tu seras ravie.

Surtout si tu es...

3

Adopte juste une attitude : l'attitude juste !

Chère lectrice et éventuelle jeune millionnaire, es-tu une femme…

… débordée…

… sous-payée…

… qui en plus se fait chier…

… pour un patron qui n'est pas toujours digne de ce nom ?

Es-tu une femme dont la compétence n'est pas reconnue, et qui doit travailler pour un salaire indigne de ses compétences et de son admirable vaillance ?

Une femme, comme il y en a, hélas, tant dans la course de rats de la vie moderne (et même si tu la gagnes, tu restes un rat ; ce n'est pas la joie !), qui a le sentiment de perdre sa vie et qui n'a jamais plus de temps pour elle, sa famille ou ses enfants et qui ne sait plus qui même elle est vraiment. Si au moins c'était payant, ce triste troc !

Si tu suis ma philosophie et ses principes, tu auras rapidement plus d'argent et forcément plus de temps (libre), car les deux vont main dans la main.

En écrivant ce petit livre avec tout mon cœur et toute ma tête, je ne peux pas te garantir que tu deviendras millionnaire, amie lectrice.

Je ne crois pas qu'il existe une recette facile, une méthode infaillible pour gagner un million… ou deux ou dix.

Mais pour avoir fréquenté déjà plusieurs millionnaires et quelques multimillionnaires (pas encore de milliardaires, désolée, mais je suis jeune encore!), je crois qu'il existe une… attitude.

Oui, une… ATTITUDE.

Ou, si tu veux, une mentalité.

De millionnaire.

Qui anciennement était la chasse gardée des hommes.

Mais que de plus en plus de jeunes femmes modernes découvrent et adoptent – et parfois les hommes en sont surpris et outrés. *We're sorry, men,* de vous «battre» sur votre propre terrain, et on n'est même pas dans *Cinquante nuances de Grey* – arrêtez de rêver!

Une mentalité.

Et de quoi est faite une mentalité?

De principes.

Et les principes, c'est la chose la plus importante au monde.

Dans la vie et dans l'aventure de la réussite.

Et dans le difficile pari du bonheur.

Pourquoi?

C'est simple: le mot «principe» vient du latin *principium*: commencement, origine, source, cause première…

Cause première…

Donc cause première du succès, du bonheur, et forcément de l'échec et du malheur, toutes choses étant égales évidemment.

Utile et instructif, non, comme vade-mecum de ta fortune à engranger ?

Ainsi, à défaut de prétendre donner LA recette du million, je révélerai en toute simplicité les principes que j'ai suivis (parfois intuitivement, je l'avoue, et guidée par le génie de ma lampe intérieure) pour atteindre l'indépendance financière.

J'ai aussi voulu dans ce livre décrire les déceptions de ma vie qui m'ont poussée à me retrousser les manches et à vouloir m'en sortir coûte que coûte : le malheur souvent est l'aiguillon imprévu du succès.

En somme, j'ai décrit mon ascension.

J'ai gardé pour un deuxième ouvrage les conseils qui m'ont semblé trop financiers ou techniques, car je voulais respecter la brièveté, vertu si prisée en notre siècle pressé.

Cela dit, je crois sincèrement que toute femme – ou tout homme – qui suivra les principes que j'énonce, et qui développera patiemment, mais systématiquement, un jour à la fois et avec foi, la mentalité qui m'a rendue millionnaire, deviendra très certainement sinon millionnaire, du moins plus riche. En argent et en jouets de toutes sortes, de petits et de grands enfants, selon son humeur et sa fantaisie.

Mais surtout – oui, SURTOUT – plus riche… de temps !

En un mot, plus libre, et c'est je crois le plus important dans la vie, surtout quand on se sent coincé et prisonnier de son travail, de la société.

Oui, plus LIBRE, car c'est la plus grande richesse, non ?

Ça l'est en tout cas dans mon livre à moi.

Ah! Pouvoir faire non pas 100 % du temps, car ce serait marchander des rêves que de le prétendre, mais 80 % du temps (la loi du 20/80 s'applique encore!) ce que je veux exactement faire, avec les gens qui m'en donnent envie et que j'aime.

Et si ça ne me plaît pas, pouvoir tirer ma révérence, sans en subir de conséquences, parce que j'en ai les moyens, et que personne ne peut m'emprisonner, me faire chanter, avec de l'argent – avec *son* argent.

Donc, si tu veux ta liberté pour le reste de ta vie, et si tu veux que le reste de ta vie commence le plus tôt possible – si, SURTOUT, ta liberté, ta joie de vivre, tu ne veux les devoir à personne sauf à toi, à tes efforts, à ton acharnement, à ta foi en ton talent et en tes idées –, suis-moi dans cette aventure!

Alors, que réponds-tu?

4

Tu dis OUI ou NON à la Vie – à *ta* vie?

Tu préfères rester prisonnière d'une idée fausse de toi et de la Vie – et du succès que tu mérites, mais n'oses pas prendre comme un billet de 1000 $ abandonné sur un trottoir : tu trouves ça trop beau pour être vrai, tu crois qu'il y a un piège alors que ce n'est que toi qui te pièges?

Tu dis OUI ou NON à la Vie, à *ta* vie?

Je veux une réponse claire et nette.

Sans nuances!

Parce que, bien souvent, les nuances sont des mensonges.

Ou le miroir de nos hésitations…

… de nos angoisses intérieures…

… de nos peurs…

… de nos excuses…

… de notre manque de courage, vertu rare à notre époque.

Alors tu dis quoi?

OUI ou NON ?

OUI, j'espère, car c'est mon mot préféré, c'est le résumé de ma philosophie, c'est même ma religion : je suis dans l'ACTION !

Oui, l'A-C-T-I-O-N !

J'aime penser, certes, comme j'aime rêver.

Et parler de mes rêves.

Mais ma préférence, c'est… l'ACTION !

Et l'action commence toujours par OUI, jamais par NON !

Sinon c'est de la science-fiction, ou de la pensée magique…

Moi, je préfère la « science-action » !

Ou la science de l'action.

Qui n'est pas si compliquée et qui enseigne ceci : si tu agis, tu peux te péter la gueule, mais tu peux aussi… réussir !

Et plus vite que tu penses, surtout si tu apprends de tes erreurs.

Mais si tu n'agis pas, tu es juste sûre d'une chose, et ce n'est pas vraiment la joie : ta vie plate continue, tes rêves meurent, ton âme se sent trahie par ta lâcheté et, parce que tu as cru en la société et ses clichés de névrosé uniformisé et standard au lieu de croire en toi : tu ne réussiras jamais !

Alors, sans perdre de temps en inutiles réflexions, tu me dis quoi : OUI ou NON ?

Si tu n'es pas encore sûre, et même si tu l'es et que tu veux des détails, et surtout un plan d'ACTION, continue de me lire !

Car plus loin, je t'expliquerai pourquoi tu dois dire OUI si tu veux ton ou tes millions, et surtout si tu veux… t'amuser dans la vie.

T'A-M-U-S-E-R !

Est-ce qu'il y a vraiment autre chose qui compte?

Car une vie passée à… *ne pas s'amuser* n'est-elle pas une vie perdue?

En plus, tu sais quoi?

S'amuser en travaillant est la meilleure manière de faire de l'argent. En tout cas, c'est certainement la plus amusante!

5

Comment tout a commencé

Notre enfance détermine souvent toute notre vie.

On s'en rend compte une fois devenu une grande personne, alors que le mal – ou le bien – est fait, si j'ose dire.

Je ne fais pas exception à la règle – pas à cette règle-là, en tout cas.

Car si je veux comprendre et expliquer l'ambition de mon âge adulte, il faut que je lorgne du côté de mes premières années, et surtout que j'examine la manière plutôt particulière dont, enfant, je prenais mes vacances avec mes parents.

Même si on habitait tout près de l'aéroport, en fait à Blainville, dans une maison sans garage (ma mère ne voulait pas de ce «refuge» pour mon père, qui s'inclinait), on faisait comme bien des familles qui habitent loin et qui s'envolent très tôt: la veille de notre «départ», on couchait au Hilton de Mirabel.

Pour être sûrs de ne pas rater notre avion.

En fait, on ne pouvait pas le rater.

Parce qu'on se contentait de… regarder les avions décoller… depuis la fenêtre de notre chambre!

On les admirait prendre leur envol majestueux et exotique (et pourtant bon marché) vers Miami ou Acapulco !

Mais on ne partait jamais : nos vacances, c'était de rester au Hilton de Mirabel et de regarder les autres partir... en vacances !

Mon père disait : « Regarde comme il est gros, cet avion-là ! » Ou encore : « Regarde comme il est beau ! »

Ou, tentant de m'instruire, il m'informait : « Celui-ci, c'est un DC-9 ; celui-là, là-bas, un Boeing 737 (ou 747). »

Moi, j'applaudissais chaque fois, et je scrutais le ciel, je tendais l'oreille, tentant d'être plus rapide que mon père, de voir un avion partir avant lui, pour pouvoir dire : « Et regarde celui-là, papa ! »

J'adorais déjà les avions.

Quand l'appareil était vraiment gros, mon père m'éblouissait de sa science en décrétant nonchalamment : « Celui-là, c'est un jumbo jet ! »

Extatique, je prenais des notes. En fait, je n'en prenais pas, je n'en avais pas besoin : tout se gravait dans ma mémoire qui n'oubliait presque rien. Je ne sais pas pourquoi, je suis faite comme ça, c'est un don que j'ai reçu du ciel ou des gènes de mes parents : je me souviens même quand maman m'allaitait, ce qu'elle a fait jusqu'à ce que j'aie un an et demi.

Maman qui souriait en croisant les doigts.

En croisant les doigts dans l'espoir que je ne sois pas déçue de ne pas partir.

Comme toutes les autres familles.

Comme tous les autres enfants.

Même ceux dont les parents étaient plus pauvres que les miens.

Mais nous, on ne partait jamais.

Et mon père était quand même pharmacien.

À l'époque, c'était une profession moins lucrative qu'aujourd'hui, mais quand même !

Elle souriait aussi, maman, mais avec mélancolie, parce que je crois qu'elle aurait bien aimé partir pour vrai, pas juste faire semblant. Mais ça ne se passait pas.

Après le petit déjeuner, j'enfilais mon maillot, je glissais mes petits pieds impatients dans mes sandales, et je mettais le peignoir blanc fourni par l'hôtel, trop ample et fait pour les grandes personnes ! Il me convenait parfaitement, même si je devais avoir l'air ridicule dedans, même si je devais faire des ourlets avec mes manches, même si son rebord touchait mes «gougounes», et même si j'avais tenté vainement de le raccourcir par la taille avec la ceinture nouée.

Oui, à bien y penser, un peignoir trop grand de grandes personnes, ça m'allait comme un gant ! Ça me définissait, parce qu'au fond… je n'ai jamais été une enfant !

Au fond, on m'a volé mon enfance.

Mais ce vol m'a rendue riche.

Prématurément.

Ai-je perdu ou gagné au change ?

Combien vaut le paradis de l'enfance ?

Ensuite, dans cet accoutrement qui me valait des sourires et parfois des compliments ironiques, on allait s'asseoir au bord de la piscine intérieure de l'atrium du Hilton.

Je chaussais avec le plus grand sérieux mes lunettes roses, parce que l'atrium était tout vitré. Alors même si, l'hiver, il n'y a pas beaucoup de soleil, en tout cas au Québec, tu ne sais jamais.

En plus, ça ne m'empêchait pas de voir les palmiers autour de la piscine. Ce n'était pas des vrais, mais je ne m'en rendais pas compte.

Sur les chaises longues, je parlais avec d'autres enfants, des amis spontanés qui espéraient embarquer dans le même avion que moi et qui me demandaient, en croisant les doigts pour que ce soit au même endroit, où j'allais en vacances.

Question embarrassante, s'il en était !

Un jour, Lili, une blondinette à longues tresses que j'ai vue juste une fois, mais que je n'ai jamais oubliée, m'a demandé, tout excitée, trois secondes après avoir fait ma connaissance :

« Tu pars où en vacances ? Moi, je vais à Hollywood ! »

C'était Hollywood, *Florida*, pas *California*.

« On va au motel Flamigo (sic). Il y a une piscine creusée avec de la vraie eau de mer chauffée dedans et des flamants roses partout autour. En plus, c'est juste à côté du *bore wall* (sic). Tu peux faire du patin à roulettes ou de la bicyclette à deux places dessus. »

Lili a tiré de sa poche un bout de papier qu'elle m'a remis après y avoir écrit : « motelle Flamigo » (sic).

C'était le Flamingo, bien sûr, un motel deux étoiles. Et le *bore wall*, pas le mur où tu t'ennuies, mais le *boardwalk*, la promenade faite de planches de bois, comme je l'ai découvert plus tard.

« J'espère <u>vraiment</u> que vous allez venir », qu'elle a dit juste avant de partir, Lili, en se dépêchant pour ne pas rater son avion… elle !

J'ai regardé mon père, les yeux arrondis par l'anticipation. Il a esquissé un sourire.

Visiblement, on n'irait *pas* au « Flamigo » ni ailleurs !

On resterait au Hilton! Comme lors de nos «vacances» précédentes.

Et pas si longtemps que ça, parce que tous les Hilton de la terre, ils sont… chers!

Alors même mes semblants de vacances duraient rarement bien longtemps: au bout de deux jours, trois tout au plus, on retournait à la maison.

En fait mon père, quand il ne travaillait pas, faisait de l'angoisse comme les abeilles font du miel.

Souvent, je surprenais un doute douloureux dans son beau regard: je crois qu'il se demandait si je me rendais compte ou pas de la supercherie. De cette sorte de petite comédie qu'il ne pouvait pas s'empêcher de jouer.

Pourtant, comme j'ai dit, il gagnait bien sa vie, en pharmacie.

Mais il avait un problème.

Pas d'argent mais… *avec* l'argent.

C'était son talon d'Achille.

C'était surtout le cheval de Troie par lequel le cancer est entré en lui, du moins je le crois.

Moi, ça m'a marquée à tout jamais.

Mais bien avant le décès prématuré de mon père, j'avais décidé que je ferais tout pour éviter l'angoisse qui l'a tué, et que, rappelons-le, je ferais tellement d'argent que… je me foutrais complètement de l'oseille!

En fait, dès que j'ai eu 10 ans, j'ai commencé à me répéter, comme un mantra, et bientôt une certitude: *Je serai millionnaire à 30 ans.*

C'était une erreur.

J'aurais dû penser… multimillionnaire!

Ça aurait marché tout autant, je te dirai plus loin pourquoi et comment.

Mais, bon, j'étais encore jeune : j'apprends tous les jours de mes erreurs !

Mon père, donc, était « insécure » malgré son emploi si sécurisant.

Mais dans la vie, tout est perception, et un fantôme peut nous effrayer, voire nous tuer, même s'il n'existe pas ailleurs que dans notre esprit : ça lui donne déjà sur nous un contrôle énorme, peut-être la plus grande puissance qui soit.

Mon père, il est vrai, avait des circonstances atténuantes.

Mon grand-père paternel lui avait transmis un héritage, mais pas celui, reluisant, qu'on espère : la crainte de manquer d'argent. Une entreprise familiale, en somme : la fabrique d'angoisse !

Ma mère – qui se ressemble s'assemble ! – était rongée par un mal identique, peut-être plus grand encore. D'autant plus que, dès qu'elle m'a eue, après une grossesse difficile, elle s'est consacrée à moi et n'a pour ainsi dire jamais vraiment travaillé, sauf pour s'affairer (à temps partiel) à un emploi de fleuriste : elle aidait aussi mon père à la pharmacie.

C'était l'astuce – amoureuse : il n'y en avait pas d'autres avec elle ! – qu'elle avait trouvée pour pouvoir être avec lui. LUI, son grand, son seul amour, son âme sœur, sa certitude.

Moi, j'applaudissais, car elle m'emmenait à la pharmacie et je pouvais voir mon père.

Et c'est ainsi que j'ai commencé, encore enfant, à exercer la profession de femme d'affaires !

6

Je n'ai jamais été une enfant

Ma mère, mon père et moi, on formait une sorte de trio infernal.

Nous étions l'un pour l'autre notre seule véritable joie, notre seul divertissement, notre seule raison d'être, car ni ma mère ni mon père n'avaient vraiment de vie sociale, sauf à la pharmacie, et moi j'avais peu d'amis, par choix.

Nous étions toujours ensemble, avec cette nuance que pour être avec mon père, il fallait la plupart du temps le rejoindre dans le donjon de son angoisse financière qui avait pour nom sa pharmacie.

Il nous avait baptisés, en badinant – mais il y a presque toujours une vérité derrière une plaisanterie – la Sainte Famille.

La Sainte-Trinité aurait été plus juste, comme appellation… contrôlée ou pas ! Car il disait, avec justesse, qu'il était le Père, moi le Fils (féminin !), et ma mère, la… saine d'esprit.

Il l'avait affublée de cette étiquette élogieuse pour lui faire plaisir et la rassurer, je crois. Non pas qu'elle était le contraire de saine d'esprit, je veux dire déséquilibrée, loin de là ! Mais elle était comment dire?... fragile émotivement. Elle avait, à l'instar de mon père, des circonstances atténuantes. Qui venaient, comme elles viennent presque toutes, de son enfance.

Alfred de Musset avait du génie, quand il a dit ou à peu près : « La cire de l'enfance est si tendre que le stylet des parents y grave des sillons qui ne s'effacent jamais. »

Le frère puîné de ma mère avait vu le jour avec une déficience intellectuelle. Toute l'attention de ses parents se reporta naturellement sur lui. Ma mère fut la laissée-pour-compte, l'ignorée, par cette bizarrerie du destin qui l'avait fait naître au « mauvais » rang dans sa famille.

Elle est toujours restée, et à jamais, la petite fille blessée.

Et comme mon père était notre dieu et le soleil de la maisonnée malgré la noirceur de ses inquiétudes matérielles, elle avait retrouvé dans la Sainte Famille la même place, pas vraiment glorieuse, que celle occupée dans la famille de son enfance. Il est si difficile, si exigeant et mystérieux, l'art de s'arracher à son passé ! De faire, comme le suggère Descartes, père de la philosophie française, *tabula rasa*, table rase de tout ce qu'on a cru, de tout ce qu'on a pensé, été et aussi, et surtout... subi à cet âge critique où nous commencions seulement à former notre jugement.

Et pourtant n'est-ce pas ce qu'il faut faire pour changer de vie, pour devenir la personne qu'on rêve d'être, millionnaire ou pas – c'est secondaire ?

Notre trio était d'autant plus infernal qu'il était plutôt fermé. Car si j'avais des amies, chaque fois que je le pouvais, c'est mes parents que je préférais. Et la solitude ne me déplaisait pas, sans que je sache au juste pourquoi.

Les jeux pour enfants ne m'intéressaient pas vraiment. Je n'ai jamais eu de poupée. Je préférais le crib, le scrabble, les dames, les échecs et aussi, bien entendu, le Monopoly. Seras-tu étonnée d'apprendre que c'était toujours moi qui tenais la banque? Car j'ai toujours aimé les dollars, adoré les voir, les manipuler, les échanger, les donner, les recevoir – même ceux, faux, de mon enfance.

7

Je deviens économe...
pour des raisons sentimentales

Précocement économe, j'avais aussi de vrais dollars.

J'aimais les amasser.

À preuve, en 6ᵉ année, j'avais déjà dans mon compte en banque (de la Banque Nationale pour imiter mon papa) la somme rondelette de... 1000 $ ou presque. D'ailleurs, insatisfaite du faible rendement de mon argent, j'avais décidé de faire un placement dans un dépôt à terme.

Avais-je déjà découvert les vertus de l'épargne? Peut-être, mais je crois plutôt que je tentais de combattre ou de prévenir l'angoisse de mon père avec cet argent naïvement amassé à coups de 5 et de 10 $, gagnés à la sueur de mon front, ou épargnés à même ma petite allocation familiale.

Peut-être aussi étais-je une fourmi prévoyante, économe comme celle de la fable de La Fontaine, parce que cet argent, ces billets, ces sous étaient une sorte de cadeau de mon père, et je ne pouvais pas m'en défaire. Ç'aurait été comparable à me séparer, en fille ingrate, d'un bijou offert par lui : ç'aurait été une trahison.

Tout ce qui venait de sa main m'allait droit au cœur et à jamais : était-ce la naissance de la jeune millionnaire ? Oh ! mon petit papa adoré, pourquoi es-tu parti si tôt ? À quoi te sert, là où tu es, cet argent que tu n'as jamais dépensé, que tu t'es usé à amasser ? À quoi te servent toutes ces économies puisque tu t'en es allé, que tu es loin de nous, ô loin, si loin ?

Dans ma tête d'enfant, je tenais sans doute aussi ce raisonnement : *Si j'ai de l'argent et que papa en manque, et que ça lui donne des soucis, je pourrai l'aider. Il pourra toujours compter sur moi. Toujours.* Voilà le serment que je faisais.

Moi maintenant, je ne peux plus compter sur lui, il est parti. Il voulait tellement assurer sa retraite qu'il ne l'a jamais prise : quelle ironie !

8

Je lance dans l'univers
le moule de mon succès

Sérieuse dans mes goûts, je n'ai jamais écouté de dessins animés sauf, sans surprise, ceux du canard Balthazar Picsou (je rêvais de plonger dans une montagne de pièces d'or!) et le film *Aladdin*, des studios Disney.

Tous les soirs, je frottais ma lampe de chevet et j'espérais voir le génie apparaître et réaliser tous mes souhaits. J'étais chaque fois déçue de sa timidité, et de sa paresse: il s'obstinait à ne pas se montrer le bout du nez, et ce que je voulais, il fallait que je le demande à mon père ou ma mère pour l'obtenir!

Au lieu des émissions pour enfants, j'écoutais *Des dames de cœur, Claire Lamarche, L'Amour avec un grand A*.

J'étais tellement sérieuse: je jouais à avoir des entreprises. J'en créais de toutes sortes: des restos, des pharmacies, des compagnies de dessins. Tout ce que je voulais, c'était... vendre des trucs à du monde!

Lorsque j'ai appris à calculer, vers l'âge de six ans, je réclamais même les taxes à mes parents lorsqu'ils commandaient des hamburgers en plastique!

Si je ne jouais pas à posséder des entreprises, je jouais avec n'importe quel jeu où il y avait de l'argent.

J'avais des caisses enregistreuses, de l'argent en papier. Comme surprenant cadeau de fête de mes sept ans, j'ai demandé à mes parents de m'amener dans une papeterie. Je disposais d'un budget de 100 $, et j'ai acheté tout ce qu'il fallait pour gérer mes entreprises : des crayons, des fiches, mais surtout… une calculatrice avec rouleaux de papier pour produire des reçus et pouvoir tenir mes comptes.

J'étais curieuse et particulièrement… travaillante.

Je voulais tout comprendre et tout vendre.

Je rêvais de trouver une invention qui ferait ma fortune et, surtout, qui mettrait à tout jamais mes parents à l'abri du besoin et de… l'angoisse, sa sœur jumelle.

Je m'essayais dans tous les domaines. Je cherchais ma voie.

À sept ans, mon père, à ma demande, m'a appris de vrais jeux d'adultes, le black jack et la roulette de casino VIP auxquels on pouvait jouer à la télévision interactive. Déjà ambitieuse, je voulais devenir la meilleure joueuse de black jack de tous les abonnés de Vidéoway. J'ai réussi à me rendre au sommet, pour ensuite tout perdre. Ma déception, comme c'est presque toujours le cas, a été instructive : j'ai décidé que je ne laisserais pas au hasard le soin de faire ma fortune. Si j'allais prendre des risques dans ma vie – et j'en ai pris –, ils seraient calculés et pas de simples coups de dé.

Chaque année, à partir de 14 ans, je harcelais mes parents pour aller au Salon de la Franchise. Chaque fois que nous revenions de là, je leur disais, naïve à souhait, mais n'est-ce pas l'origine de tous les succès : « Bon, ça y est, je lâche l'école et j'ouvre un Subway ou un Tim Hortons. » Et ce qui était merveilleux de mes parents, c'est qu'ils m'encourageaient, répliquant invariablement : «Pas de problème, Eliane, qu'est-ce qu'on peut faire pour t'aider ? Nous allons respecter ta décision.»

Mais, calmant moi-même mon enthousiasme, je concluais : «Je vais quand même finir mon secondaire et je vais aller à l'université ! Ensuite je verrai.» En fait, sans le savoir, je lançais dans l'univers le moule de mon succès.

Toi, tu utilises cette arme ? Ou tu laisses tes mauvaises pensées créer un moule d'échec ?

9

Je voulais tant plaire à mon père

À l'école aussi, j'étais sérieuse, j'avais de bonnes notes. Avais-je du talent?

Je crois que je voulais surtout plaire à mon père, l'entendre dire que j'étais arrivée première, l'entendre le répéter à ma mère, à ses amis, à ses clients à la pharmacie.

Ma drogue, ma raison d'être, mon oxygène, c'était... les compliments de mon père!

Pourtant je n'avais pas, comme ma mère, de compétition dans la famille, vu que j'étais enfant unique.

Mais peut-être que je cherchais, dans les compliments, ce que je ne trouvais pas dans les caresses paternelles. Jamais de ma vie mon père ne m'a serrée dans ses bras, sauf à la fin, quand il a été trop tard, et qu'il ne lui restait plus que quelques semaines à vivre et à peine la force de le faire enfin : c'était une première et une dernière.

Le mieux que j'obtenais de lui, c'était de petits baisers sur le front.

Parfois.

Le grand écrivain Denis Diderot raconte ce qui suit, dans une de ses correspondances :

« Un des moments les plus doux de ma vie, ce fut il y a plus de trente ans, et je m'en souviens comme d'hier, lorsque mon père me vit arriver du collège les bas chargés des prix que j'avais remportés, et les épaules chargées des couronnes qu'on m'avait données, et qui, trop larges pour mon front, avaient laissé passer ma tête. Du plus loin qu'il m'aperçut, il laissa son ouvrage, il s'avança sur sa porte, et se mit à pleurer. C'est une belle chose qu'un homme de bien et sévère qui pleure[1] ! »

Mon père aussi, c'était un homme de bien, et pas vraiment sévère, car il avait un humour irrésistible, mais je ne l'ai jamais vu pleurer, ni de tristesse ni d'admiration émue, comme le père de Diderot, devant mes exploits scolaires, et pourtant je gagnais tous les premiers prix.

L'expression de ses émotions, ce n'était pas son rayon, même s'il m'adorait, je le sais.

Ce n'est pas pour rien que ma mère l'avait baptisé le Mur.

D'ailleurs, non seulement ne montrait-il jamais ses émotions, comme si elles avaient été des maladies honteuses, mais il capotait lorsque je pleurais. C'est du moins ce que ma mère m'a raconté récemment. Mais je l'avais pressenti, je crois, et j'en avais tiré la leçon la plus importante : si je voulais me faire aimer de mon père, il ne fallait pas que je pleure devant lui. Il fallait que je garde le contrôle.

Je pleurais uniquement dans la solitude de ma chambre. Même à ses funérailles, je n'ai pas versé une larme, et pourtant j'étais dévastée : on aurait dit que je craignais ses reproches… même venus de l'au-delà !

---

1. *Œuvres complètes*, vol. XVIII, éd. établie par Jules Assézat, « Lettres à mademoiselle [Sophie] Volland », 1877, p. 505.

Dans le fond, même aujourd'hui, je ressemble un peu au renard du *Petit Prince*, mon livre préféré. Il faut m'apprivoiser pour que je m'ouvre, et ça peut être long, et parfois ça ne marche pas. C'est comme ça.

C'est seulement peu de temps avant la mort de mon père que j'ai compris son obsession, l'armure de petit garçon blessé (comme ma mère l'avait été, mais pour d'autres raisons) qu'il porta toute sa vie, car c'est bien de ça qu'il s'agit.

À l'école, en 6ᵉ année, erreur fatale, il avait… pleuré et on avait ri de lui. Il en avait été si humilié qu'il s'était promis que jamais plus on ne l'y reprendrait. Il a tenu parole, sauf à la toute fin, par une bizarrerie de la vie, grande romancière qui soigne ses effets. Car il est alors redevenu le gamin de 6ᵉ année, qui avait pleuré et dont… on n'avait pas encore ri !

10

Je dois fonder
la compagnie PARENTS INC.

Si, comme je m'en suis déjà confessée, j'étais une adulte prisonnière dans un corps d'enfant, mes parents (et je le dis avec un amour empreint de lucidité) sont toujours restés des enfants prisonniers dans un corps d'adulte.

Ou plutôt, n'exagérons rien, avec le temps, ils étaient parvenus au glorieux statut... d'adolescents !

Oui, mes parents ont été d'éternels adolescents... qui m'avaient, sans s'en rendre vraiment compte, volé mon enfance !

Ils ont vécu le célèbre Festival de Woodstock, et ça les a marqués.

Ils aimaient Jimi Hendrix, Janis Joplin, Led Zeppelin, les Beatles, les Rolling Stones et Harmonium. Et pour vraiment comprendre leur musique, ils faisaient comme tous les jeunes gens de leur époque : le *pot* (la mari) était leur manière préférée de voir la vie en rose, ou en tout cas moins grise.

Ma mère prétend – je n'ai jamais su si c'était vrai – que la seule raison pour laquelle elle n'en prenait pas tous les jours, à cette époque un peu folle de leur vie, est qu'elle faisait des *bad trips* trop souvent. Je lui donne le bénéfice du doute, même si…

Dans les films, en général, tu vois les ados affalés sur le sofa, qui n'en mènent pas large, et les parents qui crient après eux, pour qu'ils se manient.

Moi, alors que j'étais âgée de neuf ans seulement, je faisais le ménage et même mon lavage parce que, pour mes parents, ce n'était pas important. Dans sa nature artiste, ma mère ne supportait pas les obligations, les horaires fixes.

Moi, le désordre, je n'étais pas capable : il fallait que tout soit bien rangé, que chaque chose ait sa place et chaque place, sa chose.

Quand j'avais 13 ou 14 ans, il m'arrivait souvent, à mon réveil, de trouver sur la table de cuisine quelques dollars et un simple mot de mes parents, sans bien entendu m'avoir consultée au préalable : « partis on ne sait où, on revient on ne sait quand ».

Charmant, surtout pour une jeune ado !

La liberté était tout pour eux, même s'ils m'adoraient – à telle enseigne que, plus vieille, je me suis mise à dire, à la blague, que j'avais deux types d'entreprise : les pharmacies et les parents. J'appelais la seconde PARENTS INC. !

Mais, au fond, ça m'a rendue responsable précocement.

Donc, il y avait là du positif, comme dans bien des épreuves dont on sort grandi, plus instruit. Mais on s'en rend juste compte avec le recul du temps. Si on s'en rendait compte plus tôt, on s'épargnerait peut-être bien des larmes, et bien des révoltes contre la Vie et les autres, qui au fond sont des maîtres de sagesse, qu'ils le sachent ou non. Et malgré, parfois, leur méchanceté et leur bêtise, nous aidant à former notre caractère, ils sont simplement les instruments de notre destin et, ultimement, de notre fortune.

Forcée de prendre des responsabilités hâtives qu'un enfant de mon âge ne prend pas habituellement, j'appliquais aussi – sans le savoir, et contrainte par les circonstances – une des stratégies les plus importantes du succès…

11

La théorie des 10 000 heures

Tout le monde – ou presque – connaît la théorie des 10 000 heures.

En gros, elle prétend que, pour maîtriser un truc, il faut s'y consacrer pendant… 10 000 heures !

Je ne crois pas que ça suffise pour gagner le Tournoi des Maîtres au golf ou pour jouer en concert au Carnegie Hall.

Parce que, à raison de 40 heures par semaine, tu fais 2000 heures par année. Et 10 000, c'est seulement cinq ans.

Do the maths !

Je vous accorde qu'on apprend bien des choses en cinq ans, mais on ne devient pas vraiment expert, en tout cas pas dans toutes les sphères.

Et quand la compétition est féroce, quand il y a beaucoup d'argent en jeu, 10 000 heures, ce n'est rien : c'est la maternelle de ton art.

Normal : l'argent – le vrai –, les millions et les milliards, a toujours attiré les grands talents, les grandes ambitions.

Mais ce que révèle surtout cette théorie, au fond, c'est qu'il faut mettre… du temps pour réussir.

Oui, du TEMPS !

Car je n'ai jamais trouvé de raccourci à… mettre du temps !

Je suis jeune, bien sûr. N'empêche que rares sont les compromis avec le temps ! Le temps, cette denrée si précieuse et si rare dont chacun a la même somme chaque semaine, qu'il utilise pourtant si différemment.

Dans le formidable livre *Les Confessions de Claude C. Hopkins: Ma vie dans la publicité,* ce grand génie de la pub affirme : « L'homme qui travaille deux fois plus de temps que ses compagnons est condamné à aller deux fois plus loin, spécialement en publicité. On n'y échappe pas. Il y a <u>quelques différences dans les cerveaux</u> [c'est moi qui souligne] bien sûr, mais elles ne sont pas aussi importantes que <u>les différences dans la vaillance</u> [c'est encore moi]. L'homme qui travaille deux ou trois fois plus qu'un autre, apprend deux ou trois fois plus que lui. »

Ça lui donne forcément un avantage, un avantage énorme. Et voici pourquoi.

Bien sûr, il faut de l'audace, de l'opportunisme, une bonne attitude d'esprit et beaucoup d'huile de coude et d'action pour <u>réussir de manière exceptionnelle</u>, sans compter une petite – ou grande – dose de chance.

Mais il faut aussi, et c'est vraiment important à mon avis, en <u>savoir plus long</u> dans son domaine d'élection.

Et c'est un des principes importants de la réussite, donc de ma méthode, si tant est que j'en aie une.

En savoir plus long permet d'éviter des erreurs – pas toutes, bien sûr – parfois coûteuses.

En savoir plus long permet aussi et surtout – les autres considèrent, par ignorance des raisons invisibles et vraies du succès, que c'est purement de la chance – de voir *des opportunités favorables d'affaires là où les moins expérimentés ne voient rien.*

Donc la science (en ton domaine) te donne de la chance.

En ton domaine.

Et des $ $ $.

Comme l'avouait le grand champion de golf Gary Player : « Plus je m'exerce, plus j'ai de la chance. »

Dans son formidable bouquin, *Outliers: The Story of Success*[2], Malcom Gladwell rappelle un fait que tous les experts des Beatles connaissent : pendant des mois, les illustres inconnus ont joué dans un club minable de Hambourg dès 1960, à raison de huit heures par jour, sept jours par semaine.

De musiciens ordinaires qu'ils étaient au départ, ils sont devenus excellents. Ils sont surtout devenus… les Beatles !

Oui, les BEATLES !

Tu veux devenir les « Beatles » de ton domaine ou quoi ?

Moi OUI !

Ce patient et modeste rodage explique-t-il leur facilité phénoménale à écrire des *hits* qui sont devenus de véritables classiques, comme *Yesterday, Hey Jude, Michelle, A Day in the Life, Blackbird, All You Need Is Love,* et tant d'autres ?

Difficile à dire, mais il y a gros à parier que, sans être une condition *suffisante,* cet apprentissage a été une condition *nécessaire* à leur succès.

---

2. Malcom Gladwell, *Les Prodiges : Pourquoi les qualités personnelles et le talent ne suffisent pas à expliquer le succès,* traduit par Michel Saint-Germain, coll. Commerce, Montréal, Les Éditions Transcontinental, 2009, 276 pages.

N'y a-t-il pas, en effet, un trésor qui se cache dans une patiente vaillance, comme une amande dans sa rude écale?

Le travail lent, acharné et passionné ne donne-t-il pas du talent, et même du génie, à la fin? Et n'est-ce pas une grande nouvelle, surtout pour ceux qui se sont fait dire qu'ils n'avaient pas de talent, pas de génie, par leurs parents, leurs professeurs et leurs amis?

En tout cas, Jean-Jacques Rousseau a dit: «L'homme est perfectible.»

Et il avait du génie.

Donc je me dis: *Si je travaille, si je persévère dans ce qui me passionne, même si on me trouve conne, à la fin j'aurai du talent; à la fin, je ferai de l'argent.*

Beaucoup d'argent.

Comme je le mérite.

Vraiment.

Et j'ajouterais que si on persévère, en général – et il n'y a guère d'exceptions – c'est qu'on aime ce qu'on fait. Or le talent naît toujours de l'amour!

L'AMOUR, c'est la seule vérité!

«*LOVE IS ALL YOU NEED*», comme le proclament les Beatles.

Une chose est sûre, il me semble – et c'est ma tête scientifique de pharmacienne qui m'incline à le penser –, le talent ne suffit pas: c'est le travail qui le fait éclore et qui permet d'en tirer les fruits et… les millions!

Un autre que moi l'a dit autrement: le génie, c'est 10% de lueur et 90% de sueur.

La théorie des 10 000 heures (et des très nombreuses heures supplémentaires, si tu préfères) révèle aussi, d'une manière, par simple déduction – élémentaire, ma chère Watsonne! (sic) –, que si tu veux réussir dans un domaine, entres-y le plus tôt possible même si c'est pour travailler au service des expéditions.

Tiger Woods est de toute évidence un des plus grands joueurs de golf de l'histoire.

Mozart est considéré par la plupart des musiciens comme le musicien des musiciens, la crème de la crème.

Qu'ont-ils en commun?

Les deux ont… commencé jeunes!

Les deux ont été poussés par un père qui voyait en son enfant de la grandeur, et avait pour lui les plus grandes ambitions.

Donc, t'inspirant de leur exemple, et peu importe ton (jeune) âge, jette-toi le plus vite possible à l'eau, fonce!

Et si tu n'as pas de père (ou de mère) qui croit en ta grandeur ou ton succès, qui croit qu'un jour tu deviendras millionnaire, comme moi, qui ne te pousse pas autant que si tu étais un garçon (car il y a presque toujours une double norme en éducation), deviens ta meilleure amie, ta meilleure associée!

Sois à toi-même ton père, sois à toi-même ta mère! Sois l'enfant et le parent, l'élève et le professeur!

Oui, sois l'orfèvre et le bijou… que tu es!

Si on ne te prête pas de talent, deviens ta propre banquière!

Prête-toi toute la confiance (qui vaut plus qu'un million de dollars) dont tu as besoin pour financer tes entreprises!

Deviens visionnaire, deviens la Nostradamus de ta vie!

Vois ce que tu veux être, ce que tu *peux* être, et deviens-le même si tout le monde te répète que tu rêves en couleur. Normal, leur vie est si grise!

Deviens la Tiger Woods, la Mozart en jupon de ton domaine de prédilection !

Vis ton rêve !

C'est mieux, crois-moi, que de mourir d'ennui à force de… ne pas le vivre !

Toi aussi tu deviendras une jeune millionnaire.

Donc lance-toi tout de suite, et même si ce qu'on t'offre est modeste et bien au-dessous de ton talent, si c'est dans ton domaine, prends-le !

Mets, dès que tu le peux, le pied à l'étrier pour commencer le plus tôt possible… ta chevauchée !

Il n'y a pas de sot métier quand on commence à… faire son métier !

Woody Allen a dit : « Quatre-vingts pour cent du succès consiste à… se montrer, à être visible. »

Donc, montre-toi !

Moi, en tout cas, j'ai commencé vraiment jeune.

Tu veux être témoin de cet autre épisode de ma vie ?

12

Mes débuts de jeune femme d'affaires

Peut-on avoir la vocation de femme d'affaires à huit ans ?

Je crois que ce serait excessif de le prétendre.

La vérité est que je voulais surtout être avec mon père.

Mais tout de suite, j'ai aimé.

Pas seulement être à ses côtés, mais tout ce qu'il me faisait faire : j'étais sa petite assistante.

Comme ma joie était grande !

Voilà comment se passèrent mes glorieux débuts : à l'approche de la quarantaine, mon père, qui en avait assez d'être simple employé, a décidé de se lancer et d'ouvrir sa première pharmacie.

J'ignorais encore, à l'époque, que s'il était un excellent pharmacien, il était en revanche un homme d'affaires bien ordinaire.

Mais à sept ou huit ans, comment savoir ce que sont, ce que valent nos parents ?

On dit que la première impression est celle qui compte le plus? Ma première impression, comme assistante de mon père dans sa pharmacie nouvellement acquise?

J'étais ravie: j'avais le sentiment, dans ma tête d'enfant, que tout le stock était à moi. Que je pouvais tout prendre sur les tablettes, par exemple les... tablettes de chocolat ou les paquets de gomme, dont j'avais développé la manie!

Pour la première fois de ma vie, lors d'une vente de trottoir à la pharmacie paternelle, j'ai tenu la caisse. Quelle joie de dire, même si c'est infiniment banal: «Ça fait sept dollars et demi, madame. Voici votre monnaie, mon cher monsieur.»

Je ne me trompais jamais: j'ai toujours eu la bosse des chiffres. Mes responsabilités ne se limitaient pas à la caisse. Élève idéale, future apprentie magicienne de la gestion, j'écoutais religieusement la chef caissière m'enseigner l'art subtil d'apposer des étiquettes sur les différents produits qui, tous, appartenaient à mon père: quelle incroyable fortune était la sienne!

Une étiquette par paquet, en haut à droite, du côté français: voilà le mode d'emploi qu'on m'enseignait.

Je me prenais au sérieux: en tout cas, je prenais au sérieux ce modeste devoir comme je l'ai toujours fait pour le reste de ma vie. Et surtout, oui, SURTOUT, comme j'aimais ça!

Et comment décrire mon extase quand j'ai compris qu'il y avait une paie au bout du compte!

Autant d'argent que je pouvais déposer dans mon compte en banque et qui un jour aiderait mon père si la famine venait.

Mais elle semblait loin de la Sainte Famille, éloignée par la vaillance paternelle. Mon père, selon toute apparence, avait le vent dans les voiles, même si ça voulait dire qu'il était encore moins souvent à la maison. Mais comme je pouvais l'assister chaque fois que je n'avais pas d'école, je coulais des jours heureux.

Pour combattre le mal qui la rongeait – j'ai nommé l'Absence, la terrible Absence de celui que tu aimes éperdument et que tu veux serrer constamment dans tes bras pour oublier le mal de vivre –, ma mère aidait aussi mon père, dans le laboratoire. La Sainte Famille se portait à ravir !

Mon père avait ouvert sa première pharmacie comme franchisé d'une grande chaîne, qui lui avait consenti un prêt et détenait le bail. Comme l'établissement de Saint-Sauveur faisait des affaires florissantes, le franchiseur proposa à mon père un défi supplémentaire, qu'il accepta : une seconde pharmacie à Sainte-Adèle, avec deux associés choisis à l'avance pour lui.

Il connaissait une ivresse nouvelle, découvrait le pouvoir de l'argent, même s'il ne faisait pas une fortune et s'était endetté encore plus lourdement pour pouvoir faire cette acquisition.

Cette « deuxième » pharmacie, il fallait la bâtir, elle n'existait pas encore. J'ai assisté à sa construction, car mon père m'amenait chaque fois qu'il le pouvait. J'étais hyper excitée. C'est de là, je crois, que vient mon « addiction » pour les entreprises naissantes (*start-up* en anglais), cette adrénaline si difficile à remplacer quand on plonge dans l'inconnu, quand on se jette à l'eau, quand on se lance. Tout le reste, c'est fade en comparaison, en tout cas pour moi.

Mais l'adrénaline dans les veines, les hormones dans le cerveau ou ailleurs, ont été aussi brèves que belles.

Je n'en connais pas tous les détails, j'étais une fillette.

Je sais juste qu'un soir mon père est rentré à la maison, et qu'il avait l'air beaucoup plus petit que d'habitude, lui pourtant si grand. Il nous a avoué que la direction des franchises, qui n'avait pas eu de franchise avec lui (en un mot comme en mille, il s'était fait duper, et de belle façon !), l'avait forcé à rendre les clés de ses deux pharmacies dont il était si fier, et qui étaient sa vie : il était congédié, mis à pied, remercié !

Et comme une mauvaise nouvelle vient rarement seule, il perdait tout ou presque, car ce qu'on lui devait en compensation de cette décision inique à sens unique, ce sont ses avocats qui en ont fait leurs choux gras.

Tristement digne de son surnom trouvé par ma mère, le Mur, mon père a tout fait pour ne pas se montrer ébranlé. Mais ma mère, égale à elle-même, n'a pas été dupe de sa petite comédie, et a aussitôt explosé, au bord des larmes :

« Qu'est-ce qu'on va faire ? T'as plus de salaire, on va perdre la maison. On n'a plus d'argent, plus d'argent ! »

Moi, j'ai couru vers ma chambre, j'ai retrouvé sans difficulté mon petit livret de banque que je rangeais commodément dans le premier tiroir de ma table de nuit. Je suis retournée avec au salon, à toute vitesse, et je l'ai ouvert devant mon père catastrophé : il contenait 1233,22 $ de mes patientes, de mes modestes, de mes naïves économies.

Optimiste, je me suis exclamée :

« Regarde, papa, c'est pas grave, on n'aura jamais de problèmes d'argent, on en a tout plein. Plus de mille dollars ! Et je te les donne, je te donne tout ce que j'ai ! »

Mon père n'a rien dit, il s'est juste détourné. Avec le recul, je crois que ses yeux étaient mouillés. D'une double émotion. Il était :

1. touché ;

2. désespéré.

Mais le Mur ne pouvait pas montrer ses émois, ç'aurait été une faute impardonnable. Même si, je le devinais, il se sentait aussi humilié, après ce camouflet, que lorsqu'on s'était moqué de lui, enfant. Parce qu'il avait pleuré, crime contre sa virilité.

En somme, la (triste) histoire se répétait.

C'est juste le soir, dans la solitude de ma chambre, que j'ai compris que, moi aussi, j'avais été brusquement remerciée, congédiée, mise à pied !

Cependant, philosophe à ses heures, mon père prétendait avec justesse que rien n'arrive pour rien, que tout est pour le mieux dans le meilleur des mondes, même si, vorace lecteur par ailleurs, il n'avait jamais lu *Zadig ou La Destinée*, de Voltaire.

Il avait raison, et il avait tort, comme ça arrive une fois sur deux, même dans les vies les plus réussies.

Ses nouvelles responsabilités étaient un chapeau trop ample pour sa modeste tête de pharmacien. Lui tombant sur les yeux, le couvre-chef ambitieux lui avait fait perdre de vue ce qui comptait dans la vie, ce qu'il voulait vraiment, le plus important, l'essentiel, qui au fond était juste d'assurer la pitance de la Sainte-Trinité.

À quelque chose malheur est bon : la Sainte Famille a, pour la première fois de sa noble existence, pris de vraies vacances !

Nous sommes allés coucher à Mirabel, mais pas seulement trois jours : nous avions vraiment un avion à prendre !

J'ai demandé à papa :

« Est-ce qu'on va à Hollywood ? »

Il a répondu, suave, comme mon James Bond à moi :

« Pourquoi pas ?

— Une fois rendus en Florida, on peut aller au Flamico ? » ai-je osé demander, vu que c'était un grand rêve pour moi.

Je croisais les doigts pour qu'il dise oui, persuadée que je passerais mes vacances avec Lili.

Il a dit oui, pas vraiment sûr de ce que je lui demandais. C'est toujours plus facile de dire oui, dans ce cas, tu ne trouves pas ?

On s'est retrouvés au Flamingo, c'était moins magique que ce que Lili m'avait décrit, et encore moins que ce que j'avais rêvé. Il y avait de l'eau de mer dans la piscine chauffée, un « *bore walk* », des palmiers (des vrais, pas comme au Hilton!) et des flamants roses, certes.

Mais pas de Lili!

Ça n'aurait pas dû me surprendre outre mesure, vu le calcul des probabilités de sa présence. Pourtant, j'ai été déçue.

Rien n'est parfait dans la vie, n'est-ce pas?

À notre retour de ces vacances inespérées, mon père, après un mois de chômage, a retrouvé du travail comme pharmacien. La chance était de notre côté, car il n'y avait pas, comme aujourd'hui, pénurie de pharmaciens, et donc ce n'était pas si difficile de se retrouver rapidement un emploi.

Ma mère respirait mieux: on ne serait pas obligés de vendre la maison, de déménager dans une autre maison… sans garage!

Mais les choses n'ont jamais été les mêmes, après.

Mon père est resté blessé, et à jamais.

D'autant plus que le destin lui réservait une autre gifle, à peine un an et demi après l'échec de « ses » deux pharmacies. L'établissement où il avait trouvé un emploi à Sainte-Thérèse a fait faillite, comme ça arrive plus souvent qu'on pense dans ce domaine: ce ne sont pas toutes les pharmacies qui font des profits. Certaines enregistrent même des pertes si lourdes qu'elles doivent fermer.

Mon père se retrouvait à nouveau chômeur. Ma mère connaissait de nouveaux sommets d'angoisse.

Puis mon père a eu une bonne idée…

13

La drogue de démarrer une entreprise

Chômeur une fois de plus, mon père, qui n'entendait pas baisser les bras et ne pouvait se passer très longtemps de son métier (il disait qu'il lui fallait ses « heures » comme un drogué dit : il me faut ma dose !), a astucieusement ouvert, dans le même centre commercial, une pharmacie plus petite que celle qui venait de faire faillite et qui, celle-là, a marché.

Small is beautiful !

Je l'ai aidé, et j'ai connu, une fois de plus, l'adrénaline des *start-up*, des pharmacies que tu commences à zéro sans liste de clients ou chiffre d'affaires : rien.

Au moment où j'écris ces lignes, sur cinq pharmacies dont je suis coproprio, quatre sont des *start-up*... ou jeunes pousses !

Je ne suis pas historienne des pharmacies, mais je ne crois pas que cela se soit déjà fait. En tout cas, ce n'est pas monnaie courante.

Presque personne ne veut lancer de telles entreprises, c'est trop risqué.

Moi, j'aime l'inconnu – et certains… inconnus aussi, mais ça, c'est une autre histoire !

J'aime le danger.

Je suis accro à l'adrénaline, je l'admets.

C'est quand même moins nocif – et coûteux – que la cocaïne, à laquelle je ne toucherai jamais.

Pharmacienne, je sais trop ce que ça fait. Au cerveau et aux narines.

En un mot comme en mille – ou plutôt un million –, j'ai besoin de l'excitation des *start-up*.

Elles sont ma drogue, elles me font vibrer.

Elles sont mon jouet de grande personne qui, enfant, aimait juste les jeux de grands.

Et c'est quand même comme ça que je suis devenue millionnaire à 30 ans.

Donc, je ne dois pas être complètement dans le champ.

Cette pharmacie que j'ai aidé mon père à ouvrir, ç'a été sa dernière vraiment à lui. Il l'a gardée cinq ans, puis l'a vendue à une grande chaîne alors qu'il était au bord de l'écœurement. Il ne se ménageait pas et avait mis, fidèle à ses déplorables habitudes, les bouchées doubles et même triples, pour être sûr que, cette fois-ci, ce ne serait pas un échec. La preuve ? Il n'a pas pris une seule semaine de vacances pendant tout ce temps.

Il voulait s'assurer que la Sainte Famille ne connaîtrait pas l'angoisse des revers de fortune du passé.

C'est à cette époque que j'ai eu mes premières expériences de gestion. Un peu bizarrement, vu que j'avais seulement 12 ans, mon père me faisait totalement confiance. Il n'avait pas besoin de me donner des responsabilités, je… les prenais !

Je lui en demandais, style : « Papa, désormais, j'aimerais faire les dépôts, montre-moi comment ! » Il obtempérait, me laissait faire ses dépôts de milliers de dollars, dans ma chambre, en regardant la télé. Ah ! Comme j'aimais compter l'argent que nous avions fait en trois jours et le préparer pour la banque.

Je faisais aussi les commandes anticipées (*pre-booking*), c'est-à-dire que je commandais les articles saisonniers pour Noël, la Saint-Valentin et la rentrée scolaire.

Toutes ces responsabilités, ça me donnait des ailes !

C'était du pur bonheur.

Je brassais des affaires.

Tu sais, amie lectrice, quand tu as le sentiment d'être exactement où tu dois être ?

Quand tout ton cœur est là sans réserve, que tu es passionnée par ce que tu fais, par les gens avec qui tu le fais. Dans mon cas, ce n'était pas difficile, j'étais avec mon père et ma mère : la Sainte Famille était réunie, et tout le reste n'est que littérature.

J'avais l'impression – même fausse, mais elle traçait le bon sillon – de posséder une entreprise, j'étais exactement alignée sur mon plan.

J'étais déjà une femme d'affaires.

J'étais déjà la (très) jeune millionnaire !

Puis j'ai grandi, j'ai vieilli.

Mais grandit-on vraiment jamais ?

Ne porte-t-on pas toujours un peignoir de bain trop grand pour nous, comme moi, enfant, au Hilton, pendant nos fausses vacances ?

Dans ses *Antimémoires*, André Malraux rapporte les confidences d'un aumônier de campagne, instruit par des milliers de confessions : « Les gens sont plus malheureux qu'on ne croit, et le fond de tout c'est qu'il n'y a pas de grandes personnes. »

Mon père et ma mère lui donnaient raison sans le savoir : ils étaient des enfants blessés, ils n'ont jamais été de grandes personnes.

Moi, j'étais une grande personne dans un corps d'enfant.

Alors j'ai fait ce que font les grandes personnes, j'ai…

14

... travaillé, travaillé, travaillé!

J'ai toujours travaillé fort.

J'en veux pour preuve mon curriculum vitæ, dont voici la récitation quasi complète:

- À deux ans: vendeuse émérite d'articles en plastique dans le salon de mon grand-père à Rivière-des-Prairies.

Salaire: de beaux sous en carton que j'accumulais, et ici et là, quelques vrais 10 cents de ceux qui avaient pitié de moi avec mon carton. Mais déjà j'avais la piqûre de la vente au détail et je n'en ai jamais guéri, Dieu soit béni!

- À trois ans: production de dessins d'art abstrait.

Salaire: trois fois rien, zéro, *nada*.

Même si j'avais un bon professeur, ma mère, je n'ai jamais été douée pour l'art. Je devais <u>donner</u> mes chefs-d'œuvre. Ce n'est pas exactement ma tasse de thé, donner le fruit de mon labeur! J'en ai quand même tiré profit: j'avais compris que je n'avais pas ce talent et, par la même occasion, j'ai économisé des milliers d'heures de temps et de frustration. Beaucoup d'adultes ne comprennent jamais ce type de leçon, et s'acharnent dans des domaines où jamais ils ne réussiront : en ce cas aussi, l'aumônier de Malraux avait raison.

- À quatre ans : préposée à la remise de monnaie lors de la vente-débarras de mes parents sur la rue de la plage. Vous auriez dû voir mes yeux lorsqu'on m'a donné le poste de responsable du rouleau de 0,25 $. Je voulais toujours en remettre, mais mes parents m'ont vite fait comprendre qu'il ne fallait pas en donner à tout le monde !

Salaire : pizza et coca.

- À huit ans : commis et caissière sous supervision à la pharmacie de mon père.

Salaire : au moins 5 $ par jour.

- À huit et neuf ans : retour au garage. Aide à ma mère chez un fleuriste : caisse, ménage, lui tenir compagnie.

Salaire : 2 $ la soirée.

- À 10-11 ans : aide aux devoirs d'Aleksandra Wozniak.

Salaire : 15 $ comptant. Une fois par semaine, le jeudi. J'avais tout de suite compris le principe du plaisir du jour de paie.

- À 12 ans : cadette au Club de Golf Le Blainvillier, même si j'étais poids plume et que le sac était souvent plus gros que moi.

Salaire : 10 $ par 18 trous, sauf si c'était le golfeur dont j'étais la chouchoute. Non seulement il me payait une boisson Gatorade et une tablette de chocolat entre les deux parcours de 9 trous, mais il me payait 20 $ au lieu de 10 $. J'en ai déduit tout de suite qu'il y avait un avantage à travailler pour (et plus tard à fréquenter) ceux qui ont de l'argent – et surtout qui en ont assez pour en dépenser, car ce n'est pas toujours le cas.

- Entre 12 et 16 ans : « gérante » de la pharmacie de mon papa. Je gérais tout.

Salaire : 15 $ par heure, presque le double du salaire minimum de l'époque. Que voulez-vous, j'avais les responsabilités et le stress qui venait avec !

Mise à pied quand mon père a quitté sa pharmacie, j'ai tâté de plusieurs métiers. J'ai été… hôtesse de Chez Cora, réceptionniste chez le concessionnaire automobile Mitsubishi, organisatrice d'événements pour les déficients intellectuels, gérante adjointe dans un restaurant italien, préposée dans un café Van Houtte et entraîneuse chez Énergie Cardio.

Pendant la saison des classes, je travaillais le samedi et le dimanche.

L'été, je bossais sept jours sur sept. J'avais deux, parfois trois emplois, et il s'écoulait rarement une semaine sans que j'aie travaillé 80 heures.

Je n'avais presque aucun temps libre, mais de l'argent.

Sans m'en rendre encore compte, je reproduisais le modèle de mon père.

Et pourtant, je voyais bien quel piège c'était, et les dangers qu'il recelait.

Qu'allais-je faire pour éviter de m'enfoncer dans la prison dont il n'est pas sorti vivant et qui, au fond, a gâché sa vie ?

15

Cherche-toi, soit, mais… trouve-toi !

Il n'y a rien de mal à se chercher.

Même de grands génies, de grands hommes d'affaires l'ont fait.

Mais il faut finir par… se trouver !

Donc se chercher, à la maternelle de la vie, mais si tu veux mon avis, ne prends pas la moitié de ton existence à le faire, trouve-toi le plus tôt possible !

En tout cas, essaie du mieux que tu peux, même si parfois c'est angoissant, et peu importe ton âge. Car on n'est jamais trop vieux pour être jeune et ambitieux !

On n'a pas juste l'âge de ses artères : on a aussi et surtout l'âge de ses rêves !

Au cégep, je ne savais pas trop ce que je voulais faire de ma vie.

Je savais que je voulais devenir une femme d'affaires, et de préférence millionnaire, mais dans quel domaine ?

On me demandait souvent, puisque j'avais été la petite assistante de mon père, si, comme lui, je voulais devenir pharmacienne.

Un peu cynique, je répliquais invariablement :

« Jamais de la vie. Moi, je veux être millionnaire : pharmacienne, c'est pas assez payant. »

J'avais trop vu mon père en arracher, se surmener, pour vouloir choisir le même métier.

Et à quatre ans, j'avais passé le réveillon de Noël chez mon oncle, Normand Latourelle. Il était à l'époque directeur général du Cirque du Soleil, avant de fonder Cavalia.

À un moment, il a dit, sérieusement ou en plaisanterie : « Je vaux un million ! »

Même si j'étais encore une enfant, je me suis dit, vivement impressionnée : *Moi aussi, j'en suis capable.*

Et cette confiance naïve m'est restée.

Sans le savoir, mon oncle, seul vrai entrepreneur de la famille, a exercé sur moi une influence décisive.

Mais avant de me lancer dans les affaires, il fallait bien que j'étudie, car ça avait toujours été un de mes rêves d'aller à l'université.

J'ai d'abord hésité entre l'actuariat, l'administration et la psychologie : j'aimais les chiffres et les êtres humains, mais pas assez finalement pour en faire une profession.

Comme j'aimais – et aime encore – les restos, j'ai raisonné comme on raisonne souvent, un peu stupidement : je me suis dit non pas que j'irais dans l'hôtellerie (je préfère être servie que servir ! LOL), mais en nutrition.

J'avais des motivations secrètes. J'aurais juste des airs de nutritionniste : mon plan de match véritable était, une fois munie de mon précieux diplôme, d'ouvrir la plus grosse clinique contre l'obésité, mal de ce siècle où chacun mange ses émotions, nourrit son ennui et tente de combler sa solitude de mauvaise façon.

Peut-être aussi ouvrirais-je un resto: j'avais 15 idées gagnantes!

Alors j'ai été admise en nutrition.

Mais un an et demi après mon exaltante entrée à l'Université de Montréal, je me suis levée un beau matin et je me suis dit: *Eli, cesse de te jouer la comédie! Tu meurs d'ennui!*

Alors j'ai tout lâché.

J'ai passé en revue mes tentations anciennes: psychologue, actuaire, administratrice, etc.

Mais ça ne m'allumait pas plus qu'à l'époque.

J'avais alors pour coloc une adorable amie qui s'apprêtait à étudier en pharmacie. Elle m'a convaincue de suivre ses traces qui… étaient aussi celles de mon père! Les détours qu'on prend parfois pour arriver à ce qui aurait dû être notre premier choix!

En première année de pharmacie, dans mon impatience optimiste, qui est un peu un des principes de mon succès – et peut-être la clé principale: je veux que tout se passe vite! – je contactais déjà le président de Familiprix pour qu'il me fasse un prix… sur ma première pharmacie!

Même si j'avais zéro expérience et pas un sou!

Le président de Familiprix a peut-être souri de ma naïveté, mais il a été gentil. Il ne m'a pas ri au nez, et ne m'a pas dit non. Il m'a dit: «J'y réfléchis.»

J'étais ravie, ma «méthode» n'était pas si folle.

Quatre ans plus tard, soit en 2009, j'avais en main ce petit bout de papier qui paraît insignifiant et qui pourtant ne l'est pas – un diplôme: j'étais reçue à titre de pharmacienne.

Et j'achetais ma première pharmacie, grâce à l'aimable financement d'un pharmacien déjà établi : il fournissait l'argent pour acquérir ce dont je rêvais depuis ma première année d'université, et je fournissais mon temps.

C'était gagnant-gagnant.

Et un modèle d'affaires excellent pour tout jeune millionnaire en devenir qui démarre et a du temps, du talent, mais pas… d'argent.

Dans d'autres domaines que la pharmacie, qui est très réglementée, beaucoup de jeunes gens d'affaires peuvent acheter sans sortir un sou de leur poche en demandant et obtenant (demandez et vous recevrez !) au propriétaire de la compagnie qu'ils convoitent, un solde de vente d'un, deux ou trois ans, qui sert de mise de fonds. La banque finance alors le reste.

Astuce simple que beaucoup de futurs millionnaires ont utilisée à leurs débuts.

Dans mon cas, j'étais aux anges.

J'avais ma pharmacie !

J'étais en affaires !

Au moment exact où j'avais voulu l'être, c'est-à-dire le plus tôt possible, fidèle à ma nature impatiente.

(En passant – et c'est peut-être une lapalissade, mais il n'est pas inutile de la rappeler – c'est plus facile et plus rapide, même s'il y a des risques, de devenir millionnaire *en travaillant pour soi qu'en travaillant pour une autre*… qu'on rendra millionnaire par notre talent et nos efforts !)

Mais parfois, la vie nous enlève d'une main ce qu'elle vient de nous donner de l'autre…

16

« On commence par la passion, on finit par l'ambition »

— MARCEL PROUST

Il était plutôt bien, vietnamien et – aubaine supplémentaire – médecin !

Joli trio, non ? Du moins pour une pharmacienne !

Le cœur tremblant, j'ai pensé tout de suite que ma longue et pénible solitude amoureuse venait de prendre fin.

Même femme d'affaires dans l'âme, je gardais mon cœur de femme, donc mon cœur d'amoureuse.

Car je crois qu'on le reste toujours, je veux dire foncièrement femme, même si on doit porter une armure de fer pour survivre dans le Boys Club et la vallée de larmes qu'est, hélas, trop souvent devenu l'amour au temps... des rats portant costume, carte de crédit Platine (souvent criblée au maximum) et tout le blablabla !

Je suis bientôt tombée enceinte des œuvres, nombreuses et somme toute assez habiles, de mon Vietnamien. Était-ce un accident ? Oui et non. Pharmacienne mal chaussée, je ne prenais pas la pilule.

Lui, pour se régaler de moi, ne voulait pas couvrir sa baguette orientale, et diminuer son émoi par quelque gaine caoutchoutée mieux connue sous le nom de tu sais quoi.

Je capotais dans le bon sens, si j'ose dire, voyant dans son imprudence un avenir pour nous : nous aurions peut-être charge d'âme !

Nous venions à peine de nous rencontrer, mais nous nous aimions : pour moi, ça suffisait à prendre ma décision. Cet enfant, nous le garderions !

Surtout que, avant que je ne décide de lui montrer les estampes chinoises – ou vietnamiennes ! – de ma chambre, il m'avait avoué : « Je veux quatre enfants ! »

Tout de suite, je lui avais ouvert mes bras, et ma fabrique de bébés : j'avais les mêmes aspirations ! D'ailleurs on en avait quand même un peu discuté. On s'était dit, comme on se dit souvent sans vraiment y penser, parce qu'on est jeune et qu'on croit à sa bonne étoile : « Si ça doit arriver, ça arrivera. »

Les hommes parlent vite, trop vite, et nous, les femmes, comme des lapines, on se laisse prendre vite, trop vite, par les oreilles.

Lorsque, tout excitée, j'ai montré à mon ami le test de grossesse qui disait *YES*, il a eu une expression qui disait NON. Et il a laissé tomber, incrédule :

« Je comprends pas.

— Tu comprends pas quoi ? » lui ai-je rétorqué, éberluée par ce qu'il disait et qui était du chinois à mes oreilles, mais pourtant du français pour lui, vietnamien ou pas.

« Ben, a-t-il avoué, je croyais que j'étais stérile !

— Stérile ! »

J'ai arrondi les yeux : je n'en revenais pas, il m'avait menti, et certainement à dessein.

« J'espère que tu vas te faire avorter ! » s'est-il exclamé en un véritable cri du cœur.

Du même souffle, il balayait toute la confiance que j'avais pu mettre en lui, car pour moi, échaudée par mes parents, la parole donnée a toujours été… sacrée.

Je me sentais hyper humiliée.

J'étais le dindon ou plutôt la dinde de la farce.

Moi qui ai toujours voulu tout contrôler, être maîtresse de ma destinée, et qui croyais y être arrivée : j'étais déjouée, comme une néophyte de l'amour, une sans-génie de la guerre des sexes.

Le lendemain, c'était la fête des Mères, quelle ironie !

J'ai tout raconté à maman : on a pleuré ensemble.

Avec le futur père (?) de mon enfant, la nouvelle guerre du Vietnam – la vraie, entre hommes et femmes – avait commencé !

Il m'a prévenue qu'il ne pourrait pas changer sa vie pour notre enfant à venir, qu'il venait d'ouvrir une clinique, qu'il continuerait à jouer au hockey avec ses amis, et ne se lèverait pas la nuit quand notre bébé pleurerait : il lui faudrait garder la forme… que moi j'aurais perdue en lui donnant un enfant.

Au moment où j'avais le plus besoin de lui, avec toutes mes hormones en délire, mes émotions que je ne savais plus lire, lui, il nous rejetait.

Nous…

Moi et l'enfant que je portais dans mon ventre, dans mon cœur, dans ma tête, dans mes rêves…

Nous, notre future famille…

L'atmosphère entre nous est vite devenue insupportable.

Lorsqu'on se parlait, pour tenter de rompre la lourdeur de nos silences, c'était juste pour se quereller.

Je me sentais seule au monde.

À la vérité, ma tristesse était sans bornes.

Et, torturée, un soir, après notre centième dispute, j'ai décidé, le cœur en mille miettes, de le quitter. Et de ne plus jamais lui reparler, ce qui est arrivé.

Je crois que c'est ce qu'il voulait, au fond.

Il était de ces hommes qui ont des couilles juste pour te baiser, pas pour s'engager, surtout quand tu portes les lourdes conséquences de leur légèreté.

Alors a débuté, dans ma solitude infinie de « future mère ou pas, *that is the question* », la période la plus difficile de ma vie.

Devais-je dire OUI ou NON ?

OUI, tu le sais, c'est mon mot préféré.

Mais comment le proférer sans le OUI, le vrai oui du père pour le reste de ma vie ?

J'ai parlé à tous ceux qui m'aimaient vraiment, donc pas au futur père de mon enfant.

Pourtant, moi habituellement si rapide à prendre une décision, je n'y parvenais pas.

On ne parlait pas d'argent : on parlait d'un enfant !

Le jour, je m'étourdissais en travaillant 12 heures, portant le masque de la femme enceinte heureuse. Le soir, je pleurais seule dans mon lit : c'était devenu mon second métier.

Scientifique déjouée par les événements intimes de ma vie, je cherchais dans l'éprouvette brouillée de mon cœur la meilleure solution.

Cet enfant : le garder ou non ?

Tout le monde me donnait son opinion.

Néanmoins je ne trouvais pas la clé de l'équation.

J'étais incapable de prendre la décision la plus importante de ma vie. Je n'avais pas de nouvelles du père. Ça aurait aidé. Peut-être.

Prévoyante, et comme le temps passait et je voulais garder toutes les cartes en main, même la plus déprimante – il me restait à peine deux semaines avant qu'il soit trop tard –, j'ai pris, à contrecœur, rendez-vous dans une clinique d'avortement, même si jamais de ma vie je n'avais pensé devoir en arriver là.

Jusqu'à la dernière minute, cet enfant, je le gardais.

Dans mon cœur. Dans ma tête. Dans mon ventre.

Mes parents me soutenaient, peu importait ma décision.

Ma meilleure amie Julie me disait, tendre mais ferme philosophe : « Penses-y ! »

Elle se justifiait : « Toi, femme d'affaires, élever seule un enfant. Il y aura d'autres occasions, et de meilleures raisons. »

Aussi, j'entreprenais ma carrière, j'étais fauchée, débordée, hyper stressée, obligée de faire plusieurs heures, comme je t'ai dit, en échange de l'argent que je n'avais pas pour acheter ma première pharmacie et que mon partenaire m'avait fourni.

Et je voulais surtout que cet enfant naisse dans l'amour, et ait – du moins à ses débuts – un père et une mère présents dans sa vie.

Je sais, il n'y a pas de garantie conjugale, les couples se séparent, malgré des enfants entre eux, même en bas âge.

N'empêche…

Il me semble qu'il y avait mieux comme scénario, quand tu veux devenir mère pour la première fois.

Je me sentais si angoissée, si torturée, si indécise. J'ai cherché et trouvé une consolation dans la chanson *Poussière d'ange* d'Ariane Moffatt.

Elle était, sans le savoir, et pourtant sans surprise vu son nom, le fil d'Ariane qui m'a conduite à une décision.

> *Juste au mauvais moment*
> *Une poussière d'ange t'est tombée dedans*
> *Tu f'rais une super maman*
> *Mais pas maintenant, non pas maintenant…*

> *On s'en va reporter*
> *L'ange dans ses souliers*
> *Il s'est trompé mais c'est pas grave*
> *Il peut revenir si tu restes sage…*

(« Poussière d'ange »)

Le matin du rendez-vous à la clinique, j'étais calme, ce qui ne me surprenait pas vraiment. On n'est jamais aussi bien servie que par soi-même. En bonne pharmacienne, j'avais demandé à un ami médecin de me prescrire des Ativan, et j'étais avec maman.

J'ai passé une heure qui m'a semblé un siècle dans la salle d'attente, à côté d'autres fausses futures mères aussi amères que moi, et aussi impatientes d'en finir avec ce triste point final d'un amour sans avenir, comme j'avais stupidement cru au début, comme j'avais stupidement cru, moi pourtant première de classe.

Enfin, on appelle mon nom, comme celui d'une condamnée : « Eliane Gamache Latourelle. »

Je regarde ma mère. C'est moi, mon petit moi, mon moi réduit à rien, presque rien comme mes rêves d'amour qui ont passé – comme cet enfant que j'ai vu bouger dans mon ventre à la première échographie passera parce que son père faisait juste passer le temps avec moi.

Ma mère sait tout ça, sait le drame qui agite encore mon âme romantique qui se cache sous mon uniforme de femme d'affaires, et pour me donner du courage, elle m'assure :

« Ça va aller, ma chérie.

— Tu crois vraiment ?

— Si c'est la saine d'esprit qui te le dit », a-t-elle plaisanté.

J'ai souri. Mais elle s'est quand même mise à pleurer. Et moi aussi. Et ce n'était pas de joie, crois-moi !

Je me suis levée et j'ai marché comme une somnambule vers mon destin.

Je me suis rendue dans une autre salle d'attente, plus privée, comme si je faisais ou m'apprêtais à faire quelque chose de mal. À l'instar des autres jeunes femmes déjà assises.

On appelle le nom de la femme assise avant moi. Je la regarde, lui souris, compatissante.

Elle se lève, ses genoux défaillent et, les yeux en larmes, elle change alors d'idée, décide de garder l'enfant dont on veut la débarrasser et s'enfuit, prise d'un fou rire soudain, débordant de la joie de savoir qu'elle sera mère, envers et contre tous.

Ce que femme veut, Dieu le veut !

Je deviens *ipso facto* la suivante.

Moi aussi, mes genoux tremblent.

Je me dis : *Il est encore temps de changer d'idée, de renoncer à me faire avorter, de…*

Mais à la fin, infiniment déchirée, je marche vers la potence. De mon enfant. L'Ativan fait son effet. Mais pas tout à fait. Je sais bien ce qui m'attend, ce qui attend mon enfant.

Pourquoi ne pas imiter la mère qui vient de s'enfuir en riant comme une folle d'amour pour son enfant ? J'aurais juste à tourner les talons, à courir dans la bonne direction…

Je suis arrivée dans une autre salle : ça ne finissait plus, cette enfilade ! Une infirmière a illico tourné le fer dans la plaie de mon indécision en me demandant si je prenais la bonne décision. J'ai balbutié oui. Elle m'a donné des instructions, me tutoyant commodément :

« Va dans la salle de bain, enfile une jaquette, fais le test d'urine, puis va te coucher sur un lit jusqu'à ce qu'on t'appelle. »

J'ai obéi. Puis mon nom est sorti.

Je me suis rendue dans la salle à… aspiration de fœtus. J'ai expliqué au médecin que j'étais pharmacienne de mon état, et que je préférais ne pas recevoir la dose entière de médicaments intraveineux pour la douleur.

Il a obtempéré, il m'en a fait injecter seulement la moitié.

L'aspiration a commencé, et l'âme de mon bébé a été aspirée, ou plutôt soufflée, crachée vers l'au-delà, où que ce soit.

Ça faisait plus mal que prévu, pas juste à mon âme, mais aussi à mon pauvre corps, comme si lui aussi avait été stupidement romantique, avait stupidement cru à l'amour, et à ses conséquences ultimes.

Rapidement, je me suis ravisée :

« Ouchhhh, SVP, dose complète, doc, et si possible en TGV [très grande vitesse]. »

Après, une infirmière m'a aidée à me relever, m'a conduite vers une salle de repos où je me suis allongée avec quatre autres avortées.

Avortée, le mot est laid, je sais, mais c'est ainsi que je me sentais – pas à leur endroit mais pour moi.

Une avortée…

Mais, fidèle miroir de mon papa, j'ai aussitôt texté à ce dernier, comme à ma maman, les mots qu'ils voulaient entendre, sinon ils auraient été dévastés.

Il suffisait qu'un membre de la Sainte-Trinité le soit pour troubler l'eau tranquille de notre bonheur :

« C'est fait, tout a super bien été… Wow et triple wow ! »

C'était fait…

C'est moi qui étais faite, plutôt qui étais… défaite !

Ensuite, je suis allée manger des sushis avec ma mère.

Mais après ce repas, j'ai dû lui demander d'arrêter la voiture pour vomir au bord de la route.

Je devais penser au père, même s'il n'était pas japonais mais vietnamien, va savoir !

Nous sommes allées déguster une crème glacée, comme on faisait pour me récompenser, quand j'étais encore enfant.

Les jours suivants, j'ai annoncé la bonne – mauvaise – nouvelle à tout le monde. En riant. Même si j'avais été complètement bouleversée par cet événement.

Je me suis sentie trahie, abandonnée.

Je n'ai jamais pu refaire confiance à un homme après.

Je me suis dit : *Fais ton succès, fais ton bonheur seule !*

Les mois qui ont suivi, malgré ma force, j'avais juste envie de pleurer, de pleurer, de pleurer…

À la place, j'allais travailler, travailler, travailler…

À oublier mes chagrins par mon succès.

Peut-être.

Voici comment je m'y suis prise, ou à peu près.

17

L'Action, c'est ma religion !

Amoureuse déçue, fausse future mère avortée, en deuil de l'enfant que je n'avais pas eu et, d'une manière, orpheline de mes parents qui étaient toujours restés des enfants, au mieux des adolescents, je me suis jetée comme une folle dans le travail.

Pour faire changement.

Travail, en anglais : *work,* ça sonne comme weurk !

Ça sonne laid, je sais, mais dans ma situation, c'était ma seule consolation – et pour longtemps. Ma seule façon d'oublier ce qui venait de m'arriver, d'oublier – si ça s'oublie jamais, surtout pour une femme comme moi qui a une mémoire infaillible – cet enfant que j'avais porté quatre mois, espéré, aimé déjà, et finalement, le cœur déchiré, laissé aller vers l'au-delà.

Sans compter l'abandon de son «père» qui ne le serait jamais.

Il me fallait un étourdissement.

Il me fallait un changement.

Car je crois que lorsqu'on n'est pas satisfait de ce que l'on est, de ce que l'on a, et des gens autour de nous, il faut aller de l'avant.

Courageusement.

Et oser faire des changements.

« La folie, a dit Einstein, c'est de faire toujours la même chose et d'espérer un résultat différent. »

Certains estiment qu'il avait 180 de quotient intellectuel. Il faut lui faire confiance, je crois bien humblement.

On a toujours besoin de quelqu'un… de plus intelligent que soi !

Je suppose qu'à force d'entendre des promesses jamais tenues, j'ai dit : « N'en jetez plus, la cour – de mon cœur – est pleine ! »

Oui, pleine de déceptions, de désillusions.

Et alors, avec ma petite fibre de battante, de survivante – souvent deux mots de même signification –, c'est le contraire que j'ai voulu.

Oui, j'ai plutôt voulu…

… les promesses tenues dans ma vie…

… les résolutions fermes, finales, définitives…

… en un mot comme en mille ou plutôt un million, j'ai plutôt voulu… l'A-C-T-I-O-N !

« Un roman, c'est un miroir qu'on promène le long d'un chemin », a dit Stendhal.

Dans l'enfance, nos parents nous tendent un miroir, pour nous enseigner la vie.

Celle qu'ils ont eue en général.

Ou celle que leurs parents ont eue : la chaîne est longue et ancienne, qui remonte à la première erreur, à la première lueur !

De succès.

Ce miroir que nos parents nous tendent la plupart du temps inconsciemment, on s'y fie et s'en réjouit. Ou on le brise, courageuse ou révoltée.

Et, marchant intrépidement dans les éclats de ce miroir brisé, avec en tête une autre image de ce qu'on veut faire, de ce qu'on veut être, on prend un autre chemin.

Son chemin.

Le seul, en général, qui nous conduira au succès et, ce qui est bien plus important, au bonheur.

Sinon on vit pour rendre les autres heureux, noble projet certes, mais qui a pour navrant résultat qu'on reste la plupart du temps… malheureux !

Je sais, Voltaire a dit : « Le bonheur est souvent la seule chose qu'on puisse donner sans l'avoir, et c'est en le donnant qu'on l'acquiert. »

Mais peut-on vraiment donner ce qu'on n'a pas ?

Le malheur ne se reproduit-il pas trop souvent d'une génération à l'autre, comme les classes sociales, hélas, si on n'y prend pas garde et ne se révolte pas à temps et avec une salutaire vigueur ?

La belle et brillante Christine Michaud le dit autrement, dans son merveilleux et indispensable vade-mecum des jours heureux, *Sexy, zen et happy* : « Dans la vie, deux chemins s'offrent à nous, celui de nos parents, que l'on suit s'il nous plaît, et, s'il nous déplaît, celui que nous inventons, ou choisissons pour avoir la vie que l'on veut. »

LA VIE QUE L'ON VEUT.

Si tant est, bien entendu, qu'on ait le courage de s'arracher à l'influence de papa et maman, donc d'être… rebelle !

Oui, rebelle !

Et belle de ses rêves, belle de ses certitudes, et de ses doutes aussi, belle de sa confiance en soi, de ses hésitations parfois.

Au lieu, trop souvent, trop banalement, d'être laide – malgré sa beauté épidermique – et traditionnelle, car on n'a pas osé être soi, seul vrai ferment de la joie.

Moi, j'ai toujours été rebelle dans l'âme. J'ignore pourquoi, c'est comme ça.

Je n'ai jamais été, je n'ai jamais voulu être conformiste.

J'ai voulu choisir ma vie.

Pas celle que la société a choisie pour moi.

Surtout, j'ai voulu agir.

Pour changer les choses de ma vie que je n'aimais pas.

L'action est mon remède de prédilection.

Dans mon enfance, j'ai trop entendu de promesses sans lendemain : j'ai eu envie d'un avenir autre, d'un avenir à ma mesure, d'un avenir où je ne serais pas déçue à répétition.

Les promesses sans lendemain ?

En voici quelques échantillons, qui ont tracé dans mon cœur un sillon :

« Demain, Eliane, on va aller acheter ton mobilier de chambre… »

Zut ! Pas de mobilier de chambre !

« On va déménager bientôt à Saint-Sauveur ! »

Pendant un an, chaque week-end, des visites exaltantes, mais pas de déménagement: on est restés toute notre vie à Blainville!

Je n'ai rien contre les Blainvillois, la plupart charmants et courtois, c'est juste l'idée qui me déplaît: faire rêver une enfant de promesses que tu ne tiens pas, finalement, comme de bonbons dont tu ne la régales jamais, parce que tu as d'autres projets, plus importants. Chacun son agenda, je sais.

« Ce soir, je te prépare ton plat de pâtes préféré! »

Pas de pâtes, mais celles du resto du coin ou du Kraft Dinner.

Ce sont des fautes bien innocentes, je sais.

Il y a malheurs bien plus grands.

J'avais somme toute de bons parents.

J'ai *over*-réagi.

J'étais extrémiste – et je le demeure.

Ou trop sensible.

Mais, comme disent les Américains: « *It's no use crying over spilled milk.* »

Ne pleurons pas sur le lait renversé!

D'ailleurs, sans ce lait renversé sur le plancher de mon enfance, serais-je à ce point accro de l'action?

Non.

Alors… tout est bon!

À la place, il faut relever ses manches, agir.

Comme le prônait Henri Bergson, une des idoles philosophiques de Marc Fisher, dans sa (lointaine) adolescence: « Il faut agir en homme de pensée et penser en homme d'action. »

Penser, mais… surtout AGIR!

Ne pas rester dans sa tête ou ses illusions de grandeur qui finissent dans l'ennui, la paralysie et parfois aussi, malheureusement, ta modeste pension de vieillesse, si ce n'est pas la mendicité qui attend la plupart des gens qui croient encore naïvement que le gouvernement sera toujours là comme certains hommes experts du blablabla : juste un commode mensonge pour qu'on les réélise et qu'ils se votent une grasse pension… à vie !

En fait, si tu y penses, on n'a pas tant d'activités dans la vie.

Car il y a grosso modo TROIS CATÉGORIES DE GENS :

Ceux qui :

1. PENSENT ou RÊVENT

2. PARLENT

3. AGISSENT.

La majorité des gens se contentent presque toute leur vie des deux premières catégories : ils rêvent et ils parlent.

Ceux qui réussissent pensent, certes, et rêvent, et parlent (avec enthousiasme) de leurs rêves, de leurs projets pour tenter de convaincre des collaborateurs, des investisseurs.

Mais ils n'oublient pas le plus important : ils AGISSENT !

Si ça ne t'entre pas dans la tête, fais de la formule suivante ton mantra, et donc répète-toi :

JE PENSE, JE PARLE, J'AGIS !

Il te faut au moins deux des trois : je PENSE et j'AGIS.

Pierre Péladeau, le mentor de mon coauteur, disait simplement : FONCE !

Oui, FONCE !

Et par la même occasion, défonce-toi !

Oui, DÉ-FONCE-toi !

Arrête d'avoir peur !

Peur de ton ombre, de tes idées (de génie !) et de tes projets !

D'attendre que toutes les conditions – de ta situation personnelle, de l'économie – soient parfaites.

Elles ne le seront jamais.

Tiens-le-toi pour dit une fois pour toutes !

Le meilleur moment pour se lancer, c'est toujours MAINTENANT, à quelques nuances, à quelques prudences près.

Alors, cesse de faire du surplace, parce que tu ne crois pas assez en tes projets et surtout en… TOI !

Ça me chagrine quand tu fais ça : tu ressembles trop à une conformiste, à un individu qui n'ose pas affirmer son originalité, qui laisse mourir sa créativité, sa folie.

Oui, je t'en supplie à genoux, cesse de voir partout des feux rouges, et par conséquent de ne jamais voir les feux verts, verts comme les… vertes prairies pleines de dollars, par millions !

Cesse d'avoir peur de foncer et de ne jamais passer à GO dans le jeu de Monopoly qu'est la Vie !

Tes freins, jette-les à la poubelle !

Pas facile, je sais, cet acte de courage, ce bon débarras de ceux autour de toi, qui ne croient pas en toi et qui veulent seulement ton « bien », prétendument, et, à la fin, tu restes pauvre, comme eux et surtout… malheureuse !

Alors ils se sentent mieux, ils se sentent moins différents, et forcément… moins malheureux !

Mais toi, oui, *toi* qui es, sauf erreur, la personne la plus importante de ta vie, avec tes rêves et ton talent, tu fais quoi, dans tout ça ?

J'attends ta réponse.

Tu me la dis ou tu t'enfuis, comme tant de gens, bien sous tous rapports, je sais, mais qui choisissent la démission, avec toutes les bonnes raisons.

Démission de leurs ambitions…

Démission de leurs rêves…

Démission de ce qu'elles sont !

Pour faire plaisir à qui ?

Pour rassurer qui ?

Alors, FONCE !

GO, GO, GO, si tu veux. Je te le redis, passe à GO au jeu de Monopoly de la Vie et deux fois plutôt qu'une et, pourquoi pas, 3 fois, 10 fois, 100 fois… par semaine !

Qui a dit que tu ne pouvais pas passer GO et collecter 200 $, 2000 $, ou mieux encore 20 000 $ chaque semaine ?

Au bout d'un an, ça fait combien ?

Tu l'as bien calculé : un million !

UN MILLION !

Un beau chiffre, non ?

Si tu es rendue ici dans la lecture de ce livre, c'est que, probablement, tu portes en ton cœur la graine de la jeune millionnaire.

La laisseras-tu pourrir dans ton cœur – comme bien des gens, hélas ?

Mon coauteur m'a raconté une histoire au sujet de sa maman qu'il adore assurément.

Un jour, il offre à une grande amie une plume Montblanc, car il l'apprécie infiniment et il a les moyens de ses admirations.

Le lendemain, il rend à sa mère octogénaire sa visite hebdo-madaire. Comme bien des personnes de son âge, elle a commencé le « ménage », sorte de préparation hâtive de la cérémonie des adieux : elle se défait des objets qu'elle trouve inutiles, désormais. Soit dit en passant, on devrait, ce me semble, faire ce ménage bien plus tôt dans la vie, pas juste avec les objets encombrants, mais aussi avec… certaines gens qui nous empêchent d'aller de l'avant ! Mais il faut croire que cette sagesse vient seulement avec l'âge !

La mère de Marc Fisher lui demande de la suivre jusqu'à son coffre-fort dont, avec sa mémoire d'éléphant, elle réussit du premier coup la combinaison, malgré l'arthrite de ses doigts, de surcroît. La lourde porte s'ouvre, elle en tire une… Montblanc, devant les yeux de Marc Fisher étonné par cet exemple singulier de la loi de réciprocité : ce que tu donnes, tu le reçois, et dans ce cas en copie conforme !

L'octogénaire avoue :

« Tu sais, la plume Montblanc que tu m'as donnée il y a 20 ans, je l'ai jamais utilisée, j'avais trop peur de la perdre, alors je l'ai laissée dans mon coffre-fort. Si tu veux, je vais te la redonner… »

Toi, amie lectrice, n'es-tu pas en train de laisser ta « plume Montblanc » dans le coffre-fort de ton insécurité ?

De gaspiller ton beau talent, beau comme cette plume trouvée trop belle pour un usage quotidien ?

Ne fais pas ça, *please* !

Ta Montblanc – et tout le monde en a une –, utilise-la !

Sers-t'en pour écrire ou récrire toutes affaires cessantes le scénario de ta vie !

Passe à… l'action !

Deviens membre de ma religion !

Toi aussi, tu l'auras, ton million !

En immobilier, on dit, en anglais et à la blague – mais prends ça au sérieux ! –, qu'il y a trois choses qui comptent : *location, location, location* !

Ce qui veut dire localisation (de la propriété), localisation, localisation.

Dans les affaires, il y a à mon avis trois choses qui comptent vraiment : ACTION, ACTION, ACTION !

Alors… GO, GO, GO !

Au cinéma, le réalisateur américain dit ça avant de tourner : « ACTION ! »

Tu veux vivre comme dans un film – et ne pas te contenter de le regarder comme la plupart des gens qui passent leur vie à rêver et ne passent jamais à l'action, se contentent à la place de rêver car c'est moins dangereux et vivre dangereusement, ils ne peuvent pas ?

Tu as ton rêve hollywoodien – moi aussi, j'ai le mien : on est sœurs dans notre belle aventure.

Alors, toi aussi, dis : « Action ! »

Dis : Silence (les éteignoirs, les ratés qui se prétendent réalistes parce qu'ils n'ont pas réussi), on tourne… »

Silence, ça veut dire arrête de parler et agis !

Arrête de perdre ton précieux temps et ton argent à te demander, timorée : « Que va-t-il m'arriver, si j'échoue ? »

En général les conséquences sont moins lourdes qu'on ne le pense – beaucoup moins lourdes en tout cas que dans l'inaction.

Anyway, si tu vois plus loin que le bout de ton nez, tu vas anticiper que… tu seras morte dans 50 ans, et peut-être avant, ou alors tu seras en fauteuil roulant.

Tu veux faire quoi en attendant?

Voilà la seule vraie question que devraient se poser ceux qui disent et *se* disent toujours… non!

Oui, tu veux faire quoi dans la «salle d'attente» à quoi ressemble parfois ta vie?

Alors, arrête de te raconter – et de raconter aux autres – des histoires à dormir debout!

Arrête de faire semblant d'aimer la natation en multipliant les stupides lectures sur l'art de la flottaison de ta tête hésitante au-dessus des flots bleus de l'été!

Jette-toi à l'eau!

C'est encore la meilleure façon qui a été inventée pour… apprendre à nager!

Surprenant?

Mais non!

Moi, j'ai non seulement résolu de vivre dans l'action, mais j'ai décidé d'aller encore plus loin…

Tu veux savoir comment?

Ouvre à ma santé le Chardonnay doré du chapitre qui suit, tu découvriras quelques autres de mes idées!

18

Avant de vivre tes rêves... dis-les !

Il y a deux façons de préparer ses rêves, de leur donner vie et... d'en récolter les merveilleux fruits.

L'une sans doute est aussi ouvrière de succès que l'autre.

La première consiste à... les annoncer.

Oui, les ANNONCER !

Les crier. Au monde entier.

À en faire la publicité.

La seconde repose sur le silence, et son frère jumeau, le secret.

Elle aussi a ses vertus, assurément.

Moi, je préfère la première.

Annoncer ce que je veux, la fine étoffe de mes rêves les plus fous.

Annoncer aussi **quand** je veux qu'ils se réalisent.

Donner ma parole et, surtout, la tenir !

Pense à ce que je viens de te révéler !

Et demande-toi ce que tu donnes quand… tu donnes ta parole !

Voilà de quoi notre époque a besoin.

De gens qui comprennent ce que veut dire… donner sa parole.

Ta parole, c'est sérieux.

Ta parole, c'est précieux.

Ta parole, c'est ta pensée, ta vérité.

Ta parole, c'est TOI !

T-O-I !

Et c'est le *blueprint*, ou si tu préfères le plan détaillé – Dieu étant le grand architecte – de ton ACTION.

Et de ton succès, par la même occasion.

Quand tu donnes ta parole – si du moins tu es une jeune millionnaire en puissance –, c'est toute ta sincérité, ton honnêteté, c'est ton cœur, tes tripes, ton être que tu donnes. Ce ne sont pas juste… des paroles en l'air.

En disant mes rêves, je « vais au bâton », comme on dit en langage de baseball, sport que j'aimais tant aller voir avec mon père : je connaissais par cœur tous les noms des joueurs, toutes les statistiques. On n'y allait pas souvent, hélas ! – et jamais dans les meilleurs bancs. Pour deux raisons que tu devineras aisément : mon père n'avait pas le temps ni, prétendument, l'argent !

En disant haut et fort mes rêves à tous ceux que je croise – et j'en croise, du monde, dans une journée ! –, je refuse de m'offrir le luxe douteux des indécis : je n'ai plus le commode refuge du silence.

Je n'ai plus ce choix, si populaire, et que pour ma part je déteste, de… reculer !

Car j'aime, tu l'as compris, aller dans une seule direction : vers l'AVANT!

Tu as déjà vu, à l'arrière de gros camions, cet avertissement : RECULE FRÉQUEMMENT?

Eh bien, il y a des gens qui, sans le savoir, ont ça écrit sur le front ou… à l'arrière de leur personne sur une partie de leur être que je ne crois pas nécessaire de désigner autrement.

Qui a envie de suivre une personne qui peut t'écraser ou écraser tes rêves en te reculant fréquemment dessus?

Pas moi!

Tu connais peut-être l'histoire de ce général grec qui, débarquant en une contrée qu'il voulait absolument conquérir, fit couler lui-même tous ses navires et annonça à ses soldats ahuris : il *faut* vaincre, car nous ne pouvons plus revenir en arrière.

J'aime cette pédagogie audacieuse et, de surcroît, victorieuse dans le cas de ce général.

À la vérité, je l'adore.

Elle me ressemble.

Do or die!

Fais ou meurs!

Fais!

Donc agis!

De plus, j'ai cette croyance, maintes fois vérifiée, dans ma vie et dans celle d'amis qui ont connu de grandes réussites, que plus tu annonces la couleur… de tes idées avec **enthousiasme**, clarté et certitude, sans hésitation en somme, et même avec fierté *comme si elles étaient déjà réalisées*, plus tu attires les personnes qui t'aideront à les réaliser.

Il y a des gens – qui en général ne sont pas dans l'action et se trouvent toujours de bonnes raisons de ne pas l'être ! – qui préfèrent taire leurs projets, sous prétexte qu'ils peuvent se les faire voler.

Je ne dis pas que ça n'arrive jamais.

Mais la plupart des gens sont si peu dans l'action qu'ils ne s'emparent même pas de leurs propres idées.

Ils ne les mettent jamais en application, ils ne lancent jamais leur projet qu'ils trouvaient génial.

Et qui l'était peut-être, du reste. Ils ne le sauront jamais, hélas : il est resté confortablement, prudemment, peureusement dans leur tête, sur les tablettes de leurs rêves comme une étude de trois millions de dollars qu'aurait commandée le gouvernement et qui ne servira jamais à rien. C'est triste quand même !

Moi, ça me brûlerait.

Une des premières, et bien évidentes, vertus de cette publicité de tes rêves, c'est que ces gens qui peuvent t'aider… **sauront** ce que tu veux dans la vie.

Et éventuellement ce que tu attends d'eux.

Autrement, comment le devineraient-ils ?

19

Sais-tu séduire le Banquier de la Vie?

Moi, ce que je veux, non seulement je le dis, mais… longtemps d'avance!

Je prends pour ainsi dire de… l'avance sur les succès que me réserve l'avenir.

J'invente mon avenir en y pensant… aujourd'hui!

Et, des fois, comme par magie, j'ai l'impression que mon avenir est déjà arrivé!

Il est si impatient de se produire, de «me rencontrer», qu'il vient me retrouver au présent, comme un amant à qui je me suis si bien vendue, lors d'un souper ou dans un bar, qu'il veut tout de suite me revoir et arrive au premier rendez-vous avec des roses.

Il est parfait dans sa belle impatience.

Ensuite, il parle (de lui au lieu de moi) et un doute naît dans mon esprit: ce n'est peut-être pas l'homme de ma vie! LOL

Oui, parfois mon avenir arrive comme par magie.

Il faut que je me pince pour être bien sûre que je ne rêve pas.

J'ai rêvé si **clairement**, si **précisément, avec un tel luxe de détails**, sans me laisser alourdir (je surveille ma ligne!) ni me laisser ralentir par le doute et sa sœur, la peur, que mon rêve est arrivé, comme le cadeau que tu as commandé sur Amazon.

Normal, je suis une… «amazone» du rêve et, surtout, de l'ACTION!

Et pour être certaine de ne pas arriver en retard sur l'autoroute du succès, je pars… à l'avance!

À preuve?

Lorsque je suis entrée en pharmacie, à l'UdeM, j'ai tout de suite fait connaître mes intentions à mes camarades de classe: «Dans quatre ans, je serai propriétaire d'une pharmacie!»

C'était mon plan de match.

C'était ma déclaration de guerre.

Toi, ta déclaration de guerre, c'est quoi?

Un plan de match, tu en as un?

Sinon, tu ne séduiras probablement pas le Banquier de la Vie – ni celui au coin de la rue.

Dans une de ses conférences, Marc Fisher raconte une anecdote qui va te faire comprendre cette idée.

Dans un cocktail où il n'aurait pas dû se trouver, car il avait surtout envie d'être seul avec ses idées, un banquier l'accoste.

Cravaté de soie, les doigts bagués d'or, l'homme d'argent lui demande:

«Vous faites quoi dans la vie?

— Je suis à la recherche d'un emploi.»

Pour ne pas pécher par trop grand manque de civilité, par pure politesse, le banquier demande:

« Dans quel domaine ? »

Pour bien enfoncer le clou, et être sûr de se débarrasser de cet étranger qui trouble sa solitude (même publique), Marc Fisher avoue, la lèvre inférieure stupide et molle à dessein :

« Je sais pas. Je me cherche depuis cinq ans.

— Ah ! formidable, fait le banquier déjoué sans s'en être rendu compte. Bonne soirée, et surtout… bonne chance dans votre recherche. Ça m'a fait plaisir de vous rencontrer.

— Tout le plaisir est pour moi ! »

C'est simplement une anecdote, bien sûr.

Mais si tu y penses, la Vie ressemble à ce banquier.

En fait, la VIE **est** un BANQUIER.

Ton Banquier !

Si tu as trop l'air de chercher ce que tu veux faire, de *te* chercher (c'est O. K. pour un temps, mais ensuite embraye, *shit or get off the pot*), le Banquier de la Vie tourne les talons et s'éloigne à la recherche d'un autre qui sait… ce qu'il veut !

Une personne peut-être moins intelligente que toi, moins instruite même, mais qui possède cette qualité que tu n'as pas et qui te fait cruellement défaut, et qui peut la mener loin, elle : elle sait ce qu'elle veut.

OUI, ELLE SAIT CE QU'ELLE VEUT !

Et moi je me dis, dans ma petite tête : quand tu sais ce que tu veux, et que tu le veux vraiment, oui, VRAIMENT, et que tu ne fais pas juste semblant, comme tant de gens, pourquoi ne pas le dire à la ronde ?

Moi, c'est mon sport préféré !

C'est ainsi que je parle au Banquier de ma Vie.

Toi, comment parles-tu au tien?

Et sais-tu le convaincre de mettre dans ton esprit des idées lucratives, et sur ton chemin les gens qui t'aideront à réaliser tes rêves, même les plus fous – et souvent les plus payants?

Nota bene: S'ils étaient trop raisonnables, ces rêves, tout le monde les aurait, et tout le monde serait millionnaire.

Lorsque j'ai une idée en tête, je ne m'en cache pas, je m'en ouvre, et pas seulement au Banquier de ma Vie, mais au plus de monde possible. Je deviens bavarde et pleine de poésie, comme je te l'ai dit au chapitre précédent.

Je suis au fond la belle prescription de Jésus:

«Vous êtes la lumière du monde. Une ville située sur une hauteur ne peut être cachée. Quand on allume une lampe, ce n'est pas pour la mettre sous le boisseau, mais sur son support et elle brille pour tous ceux qui sont dans la maison [...] Ne les [les loups, ou persécuteurs] craignez donc pas! Rien n'est voilé qui ne sera dévoilé, rien n'est secret qui ne sera connu. Ce que je vous dis dans l'ombre, dites-le au grand jour; ce que vous entendez dans le creux de l'oreille, proclamez-le sur les terrasses!» (Mt 5,14-15 et 10,26-27)

La lumière du monde...

C'est joli, non, comme expression? Et encore mieux de tenter de l'être, à sa modeste manière, sans prétention, mais aussi sans hésitation.

Peut-être pas la lumière du monde, mais au moins celle du petit monde qui nous entoure...

N'est-ce pas noble mission?

En plus, l'idée de proclamer des choses sur les terrasses, j'aime.

Oui, oser dire mes rêves les plus fous, ne pas laisser la lumière de ma bonne étoile sous le boisseau…

La dire à mes amis, intimes ou, même, pas tellement que ça.

Car je sais que la prochaine fois que je les croiserai, dans la rue, dans une réunion ou… sur une terrasse, ils me questionneront sur mes idées, mes ambitions, et je n'aurai d'autre choix que de leur prouver que mes actions correspondent à ma parole.

Des exemples de choses (vraiment) folles que je dis à tout venant? Tourne la page!

20

Mes idées folles... (Toi, tu en as?)

Annoncer haut et fort ses rêves, ses ambitions, ses projets, s'ouvrir de ses idées passe souvent pour de la vantardise.

Pourtant, désolée de vous contredire, je crois que cette franchise a des vertus.

Et peut-être plus grandes que l'on croit.

Car ce qu'on appelle communément modestie n'est peut-être, au fond, qu'un autre nom pour le doute de soi, la pire de toutes les afflictions, si ton rêve est de réussir dans la vie et mieux encore de réussir **ta** vie.

Je trouve aussi que les gens ont trop de pudeur à avouer leurs ambitions, comme s'il s'agissait de maladies honteuses.

Moi, je mets cartes sur table !

Je dis tout !

Si je veux jouer avec moi-même à la blonde Freud en jupon, me psychanalyser à bon marché et me demander pourquoi je voulais tant être riche, et pourquoi ça me plaît tant, voilà ce qui me vient spontanément à l'esprit : peut-être que, ayant tellement souffert des angoisses et des revers de mon père, je me disais, dans ma tête d'adolescente : *Si je deviens une des femmes les plus riches du Québec, on sera à tout jamais à l'abri du besoin. Mon petit papa pourra arrêter de travailler, ma mère de s'en faire.*

Aussi, de manière moins psychanalytique, et plus prosaïque, plus terre à terre : *J'aime les belles choses (incluant les beaux hommes), j'ai une Audi, une garde-robe bien garnie, un joli logis, j'aime les bons restos et les hôtels cinq étoiles et voyager en première ou au moins en classe affaires !*

J'ai un bon masseur et une bonne habilleuse : il ne me manque que le bon « déshabilleur » qui, surtout, me fera palpiter le cœur.

Tu me comprends, n'est-ce pas, ma sœur ?

Mais ce que j'aime par-dessus tout, c'est… la liberté !

OUI, la L-I-B-E-R-T-É !

Surtout parce que, éternelle rebelle, animal sauvage, si je ne me sens pas libre, je me sens mal, je me sens en cage !

Je veux pouvoir tout décider – ou presque.

Comme l'a proclamé Sinéad O'Connor, une chanteuse irlandaise parfois controversée, en plaisanterie – ou peut-être pas tant que ça : *I'm Not Bossy, I'm the Boss !*

Je veux pouvoir décider du contenu de mes journées, de mes soirées – en gardant à l'esprit qu'on ne peut pas supprimer toutes ses obligations, millionnaire ou pas.

Surtout si on a des enfants, ce qui constitue mon rêve le plus grand.

Voici donc la (courte) liste de mes 10 idées folles au moment où j'écris à toute vitesse ces lignes, pour que tu sentes en elles l'impatience de mon âme.

Lorsque nous mettrons sous presse, elle se sera sans doute allongée, ou des idées se seront *déjà* matérialisées.

LISTE :

1. Je suis en train de coécrire un best-seller. Je voudrais en vendre un million, oui, 1 000 000 d'exemplaires. En un an. Ou deux au maximum. C'est un beau chiffre. Rond. Et il faut bien que le tirage soit cohérent avec le titre ! Allez, un petit effort, Marc Fisher ! As-tu déjà des offres pour la traduction... en 30 langues, comme pour *Le Millionnaire* ?

2. Je serai propriétaire ou copropriétaire de 30 (ou 20 ou 40 : *time will show*) pharmacies d'ici 10 ans pour implanter dans le plus d'endroits possible ma gestion empathique afin qu'elle devienne populaire comme sont devenus les restos Chez Cora, une chaîne démarrée et développée par une femme partie de rien et déçue par l'amour... une femme prénommée Cora qui a réussi et que j'admire, comme j'admire Johanne Boivin, qui, partie de rien, juste avec un rêve – mais un rêve est le point de départ de tout ! – vend partout ses sacs à main et en crée d'ailleurs 300 nouveaux modèles par année, bon an mal an.

3. Je veux dès aujourd'hui investir dans des entreprises dans lesquelles je crois, dont les services et les produits aident non seulement les gens dans leur vie, mais font de notre monde un monde meilleur. Je veux également, chaque fois que je peux, faire partie du CA de ces compagnies, et y favoriser l'entrée d'autres femmes, suivant le principe « à talent égal, chances égales dans la hiérarchie ».

4. Je veux m'impliquer et investir dans le multimédia, la télévision, le cinéma et les domaines connexes, car c'est l'avenir ; en fait, c'est aussi le présent.

5. J'aurai un condo au Ritz pour mon bureau et une résidence secondaire à Miami d'ici trois ans... une

Lamborghini ou une Ferrari (*scusi*! j'hésite encore) d'ici cinq ans, mon *jet* privé avant d'avoir 40 ans…

6. Je veux pouvoir TOUT déléguer, enfin tout ce qui m'ennuie. Je le fais déjà à 80%, et je confie même mon dos parfois stressé à un masseur. J'ai aussi mon entraîneur privé, ma femme de ménage. Et si mes tâches se multiplient, et que ça devient trop stressant – et une perte de temps – de conduire entre deux rendez-vous, surtout dans le bordel de nos rues, j'embaucherai un chauffeur. Pourquoi pas? Il faut toujours, je crois, rentabiliser au max son temps si précieux et son système nerveux: s'il est atteint de stress pernicieux, on est moins efficace et, SURTOUT, moins heureux! Les femmes se sentent souvent coupables de déléguer, même le ménage et même si elles en ont les moyens: il faut respecter ce qu'on vaut, ce qu'on fait, et ne pas hésiter à payer 10$ par heure quelqu'un (surtout un homme!) qui nous permet pendant cette heure d'en gagner 50$ ou 20$ ou même seulement 10$ si c'est un travail plus agréable et un meilleur investissement dans notre carrière. En plus, ça crée de l'emploi et fait rouler l'économie. Ce n'est pas beau, ça?

7. Je serai à 50 ans une des femmes les plus riches du Québec, pas juste pour l'argent, mais pour le pouvoir et surtout l'influence qu'il donne: ainsi et surtout je pourrai plus aisément aider d'autres femmes, surtout jeunes, à suivre mes traces et à se réaliser profession-nellement. En particulier, à vivre leurs rêves les plus fous, comme je suis en train de vivre les miens.

8. Ma compagnie, l'Activatrice Inc., active et florissante, m'aidera à pousser des centaines de jeunes entrepre-neurs à passer à l'action et, autant que faire se peut, des femmes en grand nombre, pour qu'elles rayonnent

enfin de tous leurs feux, de tous leurs talents, souvent encore brimés, et parfois même, paradoxalement, par d'autres femmes, en notre société dite moderne! Car je souhaite que de plus en plus de femmes fassent partie du Boys Club – mieux encore, que le Boys Club devienne mixte, comme la plupart des écoles modernes. D'ailleurs, si les hommes de ma génération continuent d'être présomptueux et paresseux, comme la tendance le suggère (à l'école, des 10 premiers de classe, 9 sont des filles!), le Boys Club deviendra un Girls Club et ces messieurs devront montrer patte blanche – et peut-être même détacher commodément des boutons de leur chemise! – pour y entrer.

9. Je veux commencer dès cette année à partager ma richesse. L'argent (surtout liquide) est de l'eau qui devient stagnante si elle croupit. Je vais m'inspirer, à ma mesure (ou démesure!), de mes illustres devanciers qui sont devenus de grands donateurs. Dans mon domaine, la famille Jean Coutu évidemment, et aussi Québecor, Power Corporation, Bombardier, les Bronfman, la Banque Nationale et tous ceux que j'oublie, évidemment… Je pourrai donner des bourses à de jeunes entrepreneurs: car plus tu donnes, plus tu reçois, et il y a une joie à aider, à partager.

10. Et *last but not least*, le dernier et non le moindre de mes rêves fous… rencontrer l'homme de ma vie et démarrer avec lui une entreprise familiale: BÉBÉS INC., après avoir eu PARENTS INC. J'ai déjà de l'expérience, quoi!

En vérité, malgré ma blonde ambition, je ne crois pas pouvoir être complète comme femme sans connaître la maternité.

PS: Cette liste te paraîtra peut-être extravagante. Mais ne t'avais-je pas prévenue dès le début, par le titre de mon chapitre: Mes idées folles?

Pourtant ma démesure est peut-être une méthode pas si déraisonnable que ça. Il s'y cache peut-être un fondement philosophique et pratique.

Par cette «publicité» étourdie, je *minde*, j'inspire sans le savoir ni pouvoir le mesurer exactement des personnes autour de moi qui pourront m'aider.

Je forme aussi, avec mon esprit, un moule.

Un MOULE, que je tente de créer consciencieusement, minutieusement.

Avec plein de détails et de délais.

Il est si important.

Je le crée – en tout cas, tente de le créer – avec le moins de défauts possible.

Et quels sont les défauts qui rendent un moule inefficace – ou carrément mauvais ?

Tu l'as deviné : le doute et la peur !

Je mets dans ce moule toutes les belles choses que je veux.

Et je l'envoie balader dans l'univers.

Comme le messager, ou mieux encore, comme le vaisseau spatial de ma folle ambition avec la mission claire de me revenir chargé de mes souhaits réalisés.

Et même si je fais des calculs, je me fie surtout à ma bonne étoile et à mon intuition. Car elle est reine chez moi, comme chez Danièle Henkel.

Il faut ajouter qu'heureusement, je ne souffrais pas d'un mal qui atteint plein de gens, notamment des plus intelligents et mieux nés que moi !

21

Souffres-tu de « paranalyse » ?

C'est quoi, la paranalyse ?

C'est un petit néologisme amusant et pourtant fort utile inventé par mon ami Derek.

Ça vient, comme tu l'as sans doute deviné, de deux mots que tu connais : analyse et paralysie.

À force de trop analyser, de peser le pour et le contre, tu souffres de paralysie et tu es… paranalysée !

Capice ?

Physiquement, la paralysie se définit par une diminution soudaine du mouvement du corps, par une incapacité des muscles d'agir et de réagir.

Mentalement, tu as le même problème : tu ne peux plus bouger, tu fais du surplace.

Donc, paranalyse : paralysie mentale causée par une analyse excessive.

En somme, paraphrasant Descartes (encore lui !) : « Je pense trop, donc je suis paralysée. »

Alors, cesse de trop penser et… agis !

C'est la voie royale vers ton premier million !

Car la paranalyse te conduit exactement vers le contraire : l'absence de millions, mais surtout de la liberté et de la joie qui accompagnent lesdits millions !

La paranalyse, ça fait que :

a) tu continues de faire le même travail, même si tu en as marre depuis près d'un siècle ;

b) tu es au bord, au milieu ou à la fin du *burnout,* car ton travail même ne correspond pas à tes valeurs. En plus, ton patron est un con, un escroc ou les deux, et tes collègues des morts-vivants, ou des gens qui te tuent à force de t'ignorer ou d'ignorer ton vrai talent ;

c) tu te dis que tu veux démarrer ton projet… mais ça fait 10 ans que tu en parles, et tu n'as encore rien fait ;

d) même si ton mariage te pèse depuis ta nuit de noces (O. K., j'exagère un peu, peut-être !), tu ne te sépares pas, tu endures, tu ronges ton frein, parce que tu ne veux peiner personne : ni ton conjoint, ni ta belle-mère, ni ta mère, vu la culpabilité, ta spécialité de femme. Pendant ce temps (qui passe et ne revient pas), tu te sacrifies pour les autres, mais c'est toi qui es malheureuse, pas les autres !

TOI !

Remarque que tu as sans doute une excuse… Comme la plupart de ceux qui souffrent de paranalyse, car bien souvent ils sont les champions toutes catégories des… excuses, précisément !

En voici la banale et sommaire déclinaison :

— Je n'ai pas encore eu le temps (tu veux dire que tu ne l'as pas pris)

— J'attends le bon moment (et quand arrive-t-il sur ton calendrier ?)

— J'attends d'avoir assez d'argent (mais que fais-tu pour en avoir plus ?)

— Je voudrais quitter mon emploi, mais j'ai tellement d'avantages sociaux (mais parfois tu meurs d'ennui ou autrement sans en avoir jamais joui, ni de ces merveilleux avantages ni de ta vie !)…

Complète la liste à ta guise, en puisant dans tes souvenirs ou tes rêves oubliés. Je ne veux pas te déprimer avec ce disque brisé.

Si tu veux ton premier million et vite – et tous ceux qui suivent plus aisément que le premier, toujours le plus difficile à gagner –, chasse une fois pour toutes la paranalyse de ta vie. Tu ne peux pas te permettre ce luxe si tu veux devenir une jeune millionnaire… peu importe ton âge !

PS : Traitement pharmaceutique de la paranalyse : passer à l'action immédiatement. Pas demain ou la semaine prochaine : IMMÉDIATEMENT.

Vois au chapitre 22 comment j'ai fait exactement ça, comment j'ai acquis une de mes pharmacies en deux temps, trois mouvements : jolie symphonie, crois-moi !

22

Saisis ta chance quand elle passe, sinon... elle passera!

Je pourrais te parler pendant des pages et des pages de cet art subtil et rare du *carpe diem* en affaires, de la technique dernier cri pour saisir la balle au rebond afin de ne pas manquer sa chance, mais comme disent les producteurs de cinéma, *let's cut to the chase.*

Coupons les passages plats et longs vers la poursuite en auto – ou en avion ou en soucoupe volante! – que les gens aiment tant, et qui leur fait manger plus vite leur *popcorn...*

Allons à l'essentiel!

Et comme la preuve est dans le pudding, voici – mieux que de la théorie, et certes plus facile à retenir et à appliquer dans ta vie – un exemple de mon hystérie féconde, de ma façon de sauter sur une proie avant qu'elle soit rendue trop loin pour moi. En un mot comme en un million, la brève histoire d'une de mes acquisitions.

Lundi 8 h: J'entends parler d'une rumeur d'ouverture possible de pharmacie, par un ami...

8 h 01 : Je compose illico le numéro du siège social et je laisse un message au vice-président au développement pour lui demander une rencontre.

8 h 01 min 30 s : J'envoie un message texte à la même personne.

8 h 02 : J'envoie un courriel toujours à la même victime de mes assauts.

8 h 15 : Je fais un suivi par téléphone. Toujours pas de réponse.

8 h 30 : Je regarde mes courriels et je vois que le v.-p. ne m'a pas répondu et je lui réécris **immédiatement** pour établir la date de la rencontre. **Je choisis la date la plus rapprochée possible.** C'est utile, et même souvent nécessaire. De toute façon, c'est dans mon caractère, cette manière : si je flaire une bonne affaire, je suis impatiente de la conclure. Je tasse bien entendu tout ce qui est moins important dans mon agenda : les priorités d'abord. Et quand tu es en affaires, la première affaire, c'est de… faire des affaires, surtout celles juteuses !

8 h 31 : Rendez-vous pris pour le lendemain. Yeah ! La chance est de mon côté. Ou ma célérité, tu l'as noté. Le v.-p., qui vient de Québec, est de passage en ville !

Mardi 7 h : Rencontre et, après trois minutes et demie de blabla sur la pluie et le beau temps et le bon ou mauvais état des routes entre Québec et Montréal, je conclus : « JE VEUX LE PROJET. »

Et j'ajoute, comme preuve de ma détermination, fidèle à moi-même et à ma religion de l'ACTION : « JE VEUX SIGNER MAINTENANT. »

Chatte échaudée (par son passé !) craint l'eau froide.

Sans signature, rien de concret.

Le gentil v.-p. peut bien me dire que la pharmacie est à moi, mais j'ai besoin d'une preuve concrète, d'un bout de papier.

Les paroles, ça ne vaut rien. J'en sais quelque chose.

Impressionné par ma détermination, le v.-p. me montre le contrat.

7 h 10 : Dix petites minutes après le début de notre rencontre, JE SIGNE !

Merci beaucoup !

Il ne nous reste plus qu'à discuter des détails ennuyants.

Il me reste aussi à trouver l'argent nécessaire.

Que je n'ai pas, comme toute apprentie millionnaire !

C'est secondaire.

Quand l'idée est bonne, quand on a les idées claires, et pas de doutes pour les obscurcir, on le trouve, l'argent.

Ce que je ferai au bout de trois jours, merci beaucoup, amis dont ceux de la BN !

Tu piges le mode d'emploi ? C'est important. Vraiment.

Parce que si c'est une occasion très favorable, un bon *deal*, il l'est aussi pour la personne qui viendra une heure, une journée après toi, et qui te le volera pendant que tu seras en train de réfléchir, atteinte sans le savoir de « paranalyse ».

Je sais, parfois la hâte est mauvaise conseillère.

Mais je crois que la lenteur a fait et continue tous les jours de faire plus de ravages, et elle a certainement rendu moins de gens millionnaires.

Alors tu veux quoi ?

Aller dans la vie avec une lente prudence, beaucoup d'ennuis et probablement peu d'argent à la fin (comme au début et au milieu!) ou partir à l'aventure en quête d'un rapide million, avec tout plein d'adrénaline qui coule dans tes veines?

Un rapide million?

Parlons-en, justement…

Ça te prend quoi pour mettre la main dessus et faire ce que tu veux du reste de ta vie?

23

Ce qu'ont en commun (presque) tous les millionnaires – y compris la jeune millionnaire

On dit que le temps c'est de l'argent.

C'est vrai, mais en même temps, si tu dois vendre ton temps pour faire de l'argent, tu n'en feras jamais en masse, et tu ne deviendras probablement jamais millionnaire.

Il y a des exceptions, il est vrai, et la première réside dans le talent.

Le talent exceptionnel qui, par définition… est exceptionnel !

Par exemple, si tu es une vedette du rock et que tu gagnes 100 000 $ ou 1 000 000 $ par concert, tu as vendu ton temps, certes, et tu as récolté beaucoup d'argent.

Comme si tu es un joueur de hockey et que ton agent t'a négocié un contrat de 8 000 000 $ par année, qui se traduit par 100 000 $ par partie, sans compter les revenus publicitaires que te vaut ta renommée.

Tiger Woods gagne depuis 15 ans 100 M $ par année, dont seulement une dizaine de millions en bourses de la PGA, du moins lorsqu'il n'est pas blessé ! Le reste, en publicité !

Des conférenciers comme Jack Canfield obtiennent 30 000 $ pour une performance d'une heure.

Bill Clinton demande 100 000 $ par conférence, parfois plus.

Mais ce sont des exceptions.

Et c'est un peu insensé de dire : si tu veux devenir millionnaire… deviens une exception.

Ça peut arriver, mais c'est… l'exception !

Il y a aussi, comme deuxième exception, les hauts salariés, les PDG de grandes sociétés, dont la rémunération annuelle se chiffre dans les millions.

Aux États-Unis, en 2009, la rémunération moyenne des PDG des 50 plus grandes sociétés était de… 20 M $ par année.

Pas si mal !

Au Canada aussi, les PDG sont bien payés : dans les sept chiffres, pour la plupart.

Les uns et les autres sont donc millionnaires, bien entendu.

Mais ils ont souvent sacrifié leur vie, tout leur temps – et souvent leur bonheur et celui de leur famille – à leur grande compagnie.

Ou encore – et ça revient au même – avant de gravir le dernier échelon et d'atteindre le sommet de la hiérarchie, ils ont fait leurs classes dans d'aussi grandes compagnies, qui leur ont souvent bouffé de la même manière toute leur vie, même si elles leur fournissaient chauffeur et carte de crédit.

Plus près de nous, un chirurgien plastique peut te charger 5000 $ pour changer la ligne de tes seins, et il gagne ainsi sa vie très bien. Un bon avocat peut facturer 600 $ l'heure : ses honoraires annuels peuvent donc atteindre le million.

En effet, 40 h/sem à un taux horaire de 600 $ = 24 000 $ par semaine x 50 = 1 million par année…

Pas si mal, une fois de plus !

Mais le chirurgien comme l'avocat deviendront rarement multimillionnaires sauf… s'ils investissent avec succès leur argent !

Le chirurgien comme l'avocat et le fiscaliste de haut niveau vendent leur temps : ils vendent par la même occasion leur liberté, il ne faut pas l'oublier !

J'enfonce un peu des portes ouvertes. Mais il y a des vérités qu'il est bon de rappeler, sinon on les oublie trop aisément.

Et la première de ces vérités est que, sauf les exceptions pré-citées et quelques rares autres qui m'ont échappé, **pour faire vraiment de l'argent, il ne faut pas vendre son temps** sauf au début, bien entendu, où il faut prendre les bouchées doubles et même triples et ne pas compter ses heures !

POUR FAIRE DE L'ARGENT, EN FAIRE **VRAIMENT**, IL NE FAUT PAS ÊTRE OBLIGATOIREMENT PRÉSENT SUR LES LIEUX DU CRIME.

Pour un millionnaire, les absents ont toujours… raison, contrairement au dicton.

Le millionnaire (éventuel ou actuel) ne veut jamais échanger du temps contre de l'argent, si ce n'est pour mettre au point une machine qui fera rouler de l'argent… en son absence !

Par exemple, même en mon absence, puisque je possède cinq pharmacies (au moment où j'écris ces lignes, mais encore plus, je l'espère avant la parution de l'ouvrage !), que je sois dans un resto ou mon auto, à Montréal, à New York ou ailleurs, en train de jogger ou de souper avec des amis, ou d'ouvrir une autre belle pharmacie pour servir plus de clients… de l'argent entre dans mon compte bancaire.

Assez pour que je puisse d'ores et déjà prendre ma retraite.

Mais tu connais mon ambition, alors je ne le fais pas, d'autant plus que je m'amuse comme une folle !

Donc fais comme moi et comme tous les millionnaires du passé, du présent et de l'avenir assurément : que ton vrai travail, ton *seul* au fond, soit de dénicher des moyens d'empocher du blé sans vendre ton temps – ou au pire, une petite quantité de ton temps seulement.

Achète de l'immobilier !

Tes locataires t'enrichiront en faisant tes paiements hypothécaires !

Fais de la vente en ligne.

Le monde entier sera ton magasin, et il est ouvert 24 heures par jour, et tu n'as pas besoin d'être là pour en ouvrir et fermer les portes. Tu n'as presque pas besoin d'employés !

Ce n'est pas beau, ça ?

Invente une idée d'application pour un téléphone intelligent, un jeu vidéo !

Écris un petit livre aux grands bénéfices que tu peux vendre – et dans 2 langues plutôt qu'une et même 10 voire 30 !

Oui, aujourd'hui *the sky is the limit* !

Avec Internet, le monde est vraiment devenu le village planétaire que Marshall McLuhan annonçait en 1967.

Les conformistes ne voient pas ça, sinon ils voudraient abandonner leur conformisme : ils voudraient trop profiter de la grande fête du village mondial.

Toi, je le sens, tu es sur le point de faire le meilleur *move* de ta vie, de rejeter le déguisement de conformiste qu'on a voulu t'imposer depuis l'enfance.

Tu redeviens toi-même, dans ta véritable essence : une jeune millionnaire en herbe !

Alors, toutes affaires cessantes, et même si tu peux continuer pour un temps à vendre ton temps (il faut être pragmatique, garder les pieds sur terre même si on a la tête dans les nuages !), crée TA machine à dollars pendant que tu es encore jeune, pour devenir le plus vite possible une jeune millionnaire qui va être libre de son temps toute sa vie.

La liberté n'a pas de prix.

Alors ne vends pas ton temps à… vil prix !

Moi, je ne suis pas prête à brader ainsi mon temps, à le céder à rabais, à faire une vente de mes rêves…

Le temps, ce n'est pas de l'argent : le temps c'est moi, ma substance, la banque de mon âme.

Mon temps, il est à moi.

Alors je le garde ! Précieusement. Comme ma plus grande richesse. Si j'en use intelligemment, il me permet d'acquérir la richesse. D'être et de continuer à être la personne que je veux, la jeune millionnaire !

J'occupe du mieux que je peux le temps que je ne consacre pas à mes loisirs à me créer des… machines à dollars, des machines à liberté !

Tu es (ou veux être) une jeune millionnaire en devenir. Alors voilà ce à quoi tu devrais occuper ton précieux temps.

24

Je suis excessive : toi, as-tu cette chance ?

Dans une de ses conférences, mon coauteur raconte :

« Je me trouvais un soir à Monaco, dans la salle à manger du magnifique Hôtel Hermitage, à deux pas du célèbre casino, lorsque mon voisin de table, un ami multimillionnaire, me confia : "La plupart de mes amis riches m'ont avoué qu'ils ont vraiment commencé à faire de l'argent à partir du moment où ils se sont fixé un montant précis et un délai pour l'atteindre." »

« Il a ajouté que tous ses amis avaient lu – deux, trois et même cinq fois plutôt qu'une – le classique des classiques, la crème de la crème de la science de l'enrichissement – car c'en est une – : *Réfléchissez et devenez riche,* de Napoleon Hill. »

Intéressant et simple, non ?

Serge Beauchemin, homme d'affaires intelligent comme un singe même s'il est un… dragon, m'a confié qu'à 20 ans, il a lu *Le Millionnaire.* Ayant compris son enseignement, il s'est dit : *À 40 ans, je serai assez riche pour prendre ma retraite !*

À 30 ans, il était déjà millionnaire, et il a pris sa « retraite » à 40 ans.

Intéressant et simple, non ?

Je me répète à dessein car la répétition est la clé de tout succès publicitaire – avec la promesse d'un bénéfice vrai.

Et ce livre est une longue et sincère publicité auprès des femmes, pour qu'elles deviennent les reines, non pas du foyer – on a déjà donné ! –, mais du monde !

Serge Beauchemin m'a aussi dit qu'évidemment, se fixer un objectif ne suffisait pas : il fallait aussi prendre des risques.

Comme nous déjeunions au Ritz d'œufs brouillés au saumon fumé saupoudré de caviar, j'ai plaisanté :

« Qui "ritze" rien n'a rien ! »

Il a ri, même si le sujet est forcément sérieux, car notre avenir financier en dépend.

Et comme l'argent est le nerf de la guerre – amoureuse ou pas, hélas ! –, il ne faut pas le prendre à la légère.

Alors si tu veux me faire plaisir, lectrice, mon amie, et peut-être future associée dans quelque entreprise de rêve jouissive et lucrative, relis les premières lignes de ce chapitre ! Mieux encore, imprime-les, et colle-les illico sur la porte de ton frigo ou… le plafond de ta chambre à coucher.

Ça te fera un texte à lire pour passer le temps si celui qui te promet le délire ne sait pas y faire : ça s'est vu !

Pensée magique, ou principe éprouvé, ce levier de l'objectif dont Marc Fisher a eu la révélation monégasque ?

Je te laisse décider, mais j'ai ma petite idée – et j'espère que tu as deviné laquelle.

Moi, je ne suis encore jamais allée à Monaco.

Et, à mes débuts, je n'avais lu ni *Réfléchissez et devenez riche*, ni *Le Millionnaire*, double faute moins grave qu'au tennis que j'aimais, adolescente. Je serais facilement devenue championne du monde si mes parents n'avaient pas oublié une fois sur deux que j'avais une leçon à suivre et si j'avais mesuré 20 centimètres de plus !

Molière a dit : « Les gens d'esprit savent tout sans avoir jamais rien appris. »

Je ne sais pas si je faisais partie de ce club sélect, de ces *happy few*, comme disait Stendhal, mais je tente ici d'écrire à ma façon la nouvelle *École des femmes* (titre d'une comédie en cinq actes de Molière) où un salon n'est pas destiné à savoir qui couche avec qui et qui jouit (ou pas) dans le lit de qui, ni le dernier bobo du petit, mais à brasser des affaires, pas pour négocier une aventure éphémère, surtout pas avec un confrère.

Je ne sais pas si j'avais de l'esprit.

Je crois plutôt que j'avais le cœur brisé. Peut-être que c'est ça, surtout, qui donne de l'esprit.

Au départ, on veut peut-être seulement aimer et être aimée.

Puisque ça ne marche pas toujours comme on aurait voulu, et qu'on est déçue parce qu'on avait trop d'attentes – ces antichambres du malheur ! –, on développe son esprit.

En tout cas, ayant trop vu mon père en arracher et peiner, et être prisonnier de sa pharmacie (il disait tout le temps : il me faut *mes* heures ; on aurait dit un *junkie* et, au fond, il en était un !), je me suis dit : *Je veux autre chose que mes heures.*

Je ne veux pas être prisonnière.

Je ne veux pas être une pauvre Gulliver moderne attachée sur la plage de mes obligations (réelles ou imaginaires) quand vient le temps de fuir l'hiver et d'aller sur la vraie plage prendre des vacances méritées. Aussi, quand vient le temps de déménager dans une maison plus grande (avec garage peut-être), de voir le monde et de voyager. Ce que mon père n'a jamais fait, à l'exception d'Hollywood (Floride) et d'Acapulco. Dommage !

Le Québec, c'est beau, mais quand tu reviens de Paris, la rue Sainte-Catherine, ça prend beaucoup de nationalisme ou de Pernod pour croire que ça équivaut aux Champs-Élysées.

Ma tristesse et mes déceptions d'enfant, au fond, m'ont poussée à découvrir la force de l'objectif et du délai.

Car, hasard de la vie ou hystérie de mon moi d'enfant, je me suis dit, je me suis promis, je me suis juré : *À 30 ans* (délai), *je serai millionnaire* (montant).

C'est une erreur, je l'ai admis précédemment.

J'ai néanmoins réussi.

Mais constatant, rétrospectivement, que c'était plus facile que je le pensais, j'ai songé : *J'aurais dû viser 10 fois, 100 fois millionnaire !*

Car il y a plusieurs sortes de millionnaires.

Il y a ceux qui en ont l'air et qui ne le sont pas vraiment

Il y a ceux qui n'en ont pas l'air et qui le sont vraiment.

Et il y a les multimillionnaires et les milliardaires qui, quoi qu'ils fassent, ne parviennent plus à cacher leurs cartes : même s'ils n'ont pas de carte de crédit, on leur fait partout crédit !

Comme j'apprends de mes erreurs, je me fixe maintenant toujours des objectifs très ambitieux, quasi démesurés !

Ça me force à me dépasser !

Oui, des OBJECTIFS TRÈS AMBITIEUX, en tout cas aux yeux des autres, surtout des… conformistes !

J'aime la démesure : c'est la mesure de mon ambition !

C'est aussi le baromètre de ma confiance en mes moyens et en ma bonne étoile.

Exemple de ma démesure ?

Plus jeune, je me suis dit : *Je veux cinq pharmacies en cinq ans.*

Il m'a fallu trois ans et demi pour les obtenir.

Si je m'étais dit qu'en 10 ans je voulais 5 pharmacies, eh bien, j'aurais été plus lousse dans le temps, plus relaxe, plus indulgente avec mon moi-même, et je n'aurais pas senti l'urgence d'agir.

Ces objectifs élevés me poussent forcément à me dépasser, et donnent à mon génie intérieur – illimité, comme tout génie digne de ce nom ! – des **mandats précis**, des **instructions sans confusion**.

Ils sont facilement à la portée de mon banquier… le Banquier de la Vie mais aussi de l'Univers.

Se fixer des objectifs élevés peut stresser certaines gens. À chacun de s'adapter en fonction de ses goûts, de ses ambitions et de son estomac.

Il ne faut pas en faire un ulcère.

Il faut que ça reste un jouet. Qui ne ruinera pas votre vie de famille.

Pour le moment, je n'ai pas ce problème-là, et j'aime vivre dangereusement.

C'est dans mon sang.

Je fais des choses que j'hésite à recommander à tout le monde.

Par exemple, j'ai loué un condo qui me coûte les yeux de la tête.

Je ne veux pas te donner le montant exact de mon loyer, mais si tu prends la somme de tous les jours de la semaine – sauf le dimanche – et que tu la multiplies par 1000 $, tu ne seras pas loin de la vérité.

C'est fou, je sais.

Mais comme je suis programmée pour ne jamais arriver serré – ça aide, c'est même nécessaire –, j'ai trouvé le moyen de faire plus d'argent afin que cette extravagance devienne banale : une petite dépense parmi tant d'autres !

Et j'ai réussi !

Comme suite ou conséquence de cette déraison préméditée, j'ai ensuite acheté, comme par magie, deux autres pharmacies, démarré l'Activatrice (ma compagnie de consultation) et… je fais deux fois plus d'argent qu'avant !

Je sais que si la plupart des gens ont des problèmes d'argent, ce n'est pas qu'ils n'en font pas assez, mais souvent qu'ils en dépensent plus qu'ils n'en gagnent.

On peut faire un million par année et être fauché !

L'endettement est le cancer de notre société, avec sa cause première, la surconsommation.

Et donc la prudence est parfois sage conseillère.

Tout ce que je peux te dire, c'est que c'est ainsi que je m'y suis prise pour devenir une jeune millionnaire.

Je suis excessive.

Toi, as-tu cette chance ?

Tu oses jouer cette carte ?

Il y a aussi une autre carte que je suggère à toutes les femmes de jouer, même si elle peut paraître plus faible que les cartes conventionnelles des hommes : elle est plus puissante et plus payante, en vérité…

25

Joue la carte de la gestion empathique !

Comme femme, tu as une autre carte maîtresse dans ton jeu.

Si les hommes du Boys Club le savent et le comprennent, et t'acceptent dans leur illustre confrérie, grand bien – et grand profit – leur fasse !

Sinon, ça te donne quand même un avantage.

Ça s'appelle la gestion empathique.

Je te la résume, car j'en parle plus longuement dans mon prochain livre, *La Jeune Millionnaire en affaires*.

La voici dans son plus simple appareil ou presque :

Les hommes, en général, n'aiment pas écouter.

Ils aiment qu'on… les écoute !

Même que certains aiment s'écouter parler !

C'est un modèle dépassé, surtout ruineux en affaires.

Pour réussir, il faut que tu saches écouter tes employés et surtout tes clients !

Que tu saches écouter le marché, qui ne cesse de te parler !

Or… les femmes savent ÉCOUTER.

Se mettre à la place des autres.

Comprendre leur besoins, leurs problèmes, leur détresse.

Au lieu de dicter à quelqu'un quoi faire, demande-lui ce qu'il aimerait pour être heureux, même si c'est ton employé et que, forcément, il y a des limites à ce que tu peux lui donner, et évidemment lui dire.

La gestion empathique est le vrai « muscle » dans l'économie d'aujourd'hui. Les anciens muscles sont dépassés, sauf pour ceux qui n'ont pas encore l'intelligence de s'en rendre compte et qui vivent encore dans le passé. Comme ils sont bien « armés » pour l'avenir !

Les femmes ont en général développé ce don – et cet art très payant – depuis longtemps. Elles ont écouté leur bébé pleurer, leur enfant qui s'est écorché un genou, a subi une humiliation à l'école, pleure d'avoir raté son examen, a peur parce que ses camarades plus vieux l'ont taxé. Il s'agit d'une bonne préparation de futur contribuable, remarque !

Pourquoi la gestion empathique est-elle magique ?

Parce qu'elle rejoint, au fond, un des besoins fondamentaux des gens.

Car ce que les gens veulent le plus au monde, c'est une écoute. Ils désirent être entendus. Compris.

Sentir qu'ils sont reconnus, qu'ils existent pour les autres et, en somme, qu'ils ne sont pas seuls.

Car lorsque personne ne t'écoute, tu te sens seul.

C'est la solitude des sociétés modernes qui fait la fortune de toutes les distilleries et des compagnies pharmaceutiques. Hélas ! Je suis très bien placée pour le savoir !

Les gens – employés, collaborateurs et clients – veulent aussi être écoutés pour se sentir importants.

Oui, IMPORTANTS!

Retiens ce mot, tu iras loin dans la vie, autant avec les hommes que les femmes!

Si tu fais sentir l'autre important, tu deviendras automatiquement... importante à ses yeux, surtout si tu le fais sincèrement.

Mais, à vrai dire, même si ta gestion empathique reste pour toi surtout stratégique, elle demeure plus intelligente, habile et payante que d'ignorer les autres: employés, associés, clients et amis.

Si tu veux aller plus loin – et je te souhaite cette chance –, dépasse le simple calcul dans ta gestion empathique.

Joue une carte encore plus puissante!

26

Joue la carte du cœur !

Dans presque tous les jeux, le roi de pique bat la dame de cœur.

Mais je crois sincèrement qu'il est révolu, le temps où l'autorité et la force, le machisme, le *power trip* et tous ses attributs plus ou moins glorieux, pouvaient assurer les grands succès – et les grandes fortunes qui viennent souvent avec, quoique pas toujours.

En d'autres mots, la dame de cœur bat maintenant le roi de pique.

Et quel est son principal atout ?

Elle a du leadership, certes, comme il en faut pour diriger et convaincre.

Elle peut « régner », mais elle ne veut pas seulement que les gens la suivent : elle veut qu'ils soient heureux de le faire !

La nuance est capitale.

L'économie moderne est axée sur le service à la clientèle, et demande donc des qualités typiquement féminines, telles l'écoute et la gentillesse, infiniment plus efficaces que la dureté et l'aveuglement imbécile et désormais inefficace des dirigeants du passé – encore trop présents hélas ! – qui voient juste leurs objectifs, jamais les employés qui les aideront à les réaliser.

La carte du cœur est le tapis magique qui conduira les entrepreneurs d'aujourd'hui vers la fortune de demain. Et s'ils sont « dans l'action » comme j'en donne la prescription, demain c'est… aujourd'hui !

Sans ce tapis magique, le gestionnaire est un dinosaure condamné à l'extinction.

Car il est révolu, le temps où les employés travaillaient uniquement pour leur chèque de paie.

Ce dernier est important, je le sais. Et il est nécessaire… mais ne suffit plus. Vu leur ignorance de cette vérité de la psychologie humaine, chaque année en Amérique, et sans doute ailleurs, les sociétés, petites ou grandes – surtout grandes –, perdent des milliards de dollars au motif de l'absentéisme.

Les gens vont travailler à reculons, le moins possible et le moins souvent possible.

Ils prennent seulement leur chèque au bureau et leur plaisir ailleurs !

Et, à la fin, ils démissionnent, faisant perdre aux sociétés tout le temps et par la même occasion l'argent qu'elles ont mis à les former.

Pire encore, ne se sentant pas respectés dans leur humanité, dans leurs valeurs, dans leurs limites, dans leurs attentes légitimes, par des surcharges excessives de travail et autres vexations, ils s'offrent cette forme de luxe de plus en plus populaire et tout aussi onéreux : le congé pour *burnout*, dépression ou mal de dos !

Je ne suis pas très religieuse mais l'autre jour, écoutant Isabelle Maréchal dans *Isabelle et Vous* (empathique ou pas, ce titre?) dans mon Audi noire, j'ai entendu l'un de ses invités citer un conseil du pape Benoît XVI, qui m'est allé droit au cœur:

«Il faut réveiller la mémoire du Bien et non pas la mémoire du Mal.»

J'ai trouvé ça pas mal, et même vraiment bien, à dire vrai.

Car je crois que par le double et fréquent usage de la gentillesse et de la gestion du cœur, on réveille chez ceux avec qui on travaille, collègues ou employés, et même patrons (malgré trop souvent leurs bouchons dans les oreilles!), la mémoire du bien.

Oui, la MÉMOIRE DU BIEN!

Qui parfois, Dieu aidant, fait oublier la trop répandue, la trop banale mémoire du mal qui a été réveillée chez les gens dans le passé par leurs parents, leurs patrons ou des collègues maladroits.

Chez qui, justement, la mémoire du bien n'avait pas été réveillée. Ou avait été étouffée, tuée: crime contre l'humanité trop banal et méconnu.

Elle est longue et parfois lourde – souvent dure à briser –, la chaîne qui nous relie à notre passé et qui fait de nous ce qu'on est... même si ça nous déplaît!

Pourtant elle se rompt parfois comme par enchantement, et disparaît aussi vite de notre vie que la noirceur de la nuit lorsque vient l'aube: il suffit qu'une bonne âme, gestionnaire ou amie – ou amie gestionnaire! –, ait décidé d'éveiller en nous... la mémoire du bien!

En fait, cette pratique simple mais miraculeuse me rappelle un petit livre que j'ai lu naguère et que tu as peut-être parcouru. En tout cas, tous les gestionnaires de la terre devraient le lire et le relire. *Le Manager Minute,* dans lequel les auteurs, Kenneth H. Blanchard et Spencer Johnson, recommandent d'essayer de surprendre quelqu'un... en train de faire quelque chose de bien.

La gestion du vieux Boys Club recommandait à ses lions de rugir dès qu'ils surprenaient quelqu'un en train de... faire quelque chose de mal, de commettre une erreur.

Et de le réprimander séance tenante – qu'importe si c'était devant ses collègues, erreur souvent fatale ! – en réveillant ainsi sa mémoire du mal, ou du moins le ressentiment.

C'est malhabile et dépassé.

Je ne dis pas qu'il ne faille pas parfois réprimander. C'est souvent nécessaire et il faut le courage de le faire, en tant que parent ou gestionnaire. Mais ça ne devrait pas être l'essentiel de notre tâche, ça devrait être occasionnel et toujours en privé.

Sans aucun doute, aujourd'hui la dame de cœur bat le roi de pique !

Mais dans le Boys Club, il faut encore jouer une autre carte... surtout quand on est jeune ou blonde et pas vilaine de sa personne.

PS: Je me trouvais l'autre jour au Strøm spa nordique de l'Île-des-Sœurs où je vais chaque semaine (si tu veux relaxer, va là, tu te « strompes spas » !) et je lisais dans le sauna *The Globe and Mail,* car je veux parfaire mon anglais et être invitée par Oprah à sa nouvelle émission. Bref, je lisais quand je suis tombée, dans la section « *Business* », ma préférée, sur un article qui jetait une lumière nouvelle – et inattendue – sur le Boys Club. L'auteur y expliquait qu'il n'est pas seulement difficile d'y être admis pour les femmes, mais aussi... pour les hommes qui... ne sont pas vraiment des *boys*: les gais, qui pourtant n'aiment que les *boys*. *Go figure!*

Un brillant courtier gai de Bay Street, à Toronto (mais qui n'osait pas sortir de sa garde-robe pour ne pas risquer d'être banni du... Boys Club), racontait dans l'article qu'après un coup fumant, les *boys* (du Boys Club, forcément !) allaient flamber quelques milliers de dollars dans des Gentlemen Club (des bars de danseuses nues!) et que lui y allait et faisait semblant de prendre son pied pour ne pas être banni du Boys Club. Ce n'est pas gai, si j'ose dire, quand tu penses qu'on est en 2014.

　　Nota bene: Je vais aussi au Bota Bota (spa-sur-l'eau), à deux pas de chez moi dans le Vieux-Montréal, pas pour du Botox, mais pour d'autres joies!

27

Pour doubler tes chances de succès, comprends la double norme

Il y a encore, et peut-être pour longtemps, une double norme dans le monde.

Et forcément dans le monde des affaires, encore dominé par les hommes, le fameux Boys Club déjà évoqué.

En gros, ça signifie qu'entre hommes et femmes, il y a deux poids deux mesures.

Des exemples, parmi les centaines qui existent?

Un homme qui multiplie les conquêtes est un play-boy, et on l'admire!

Une femme qui fait la même chose passe pour une putain, une salope ou au mieux une femme facile – et on la méprise!

Charmant!

Cette double norme prévaut depuis longtemps.

Depuis que le monde est monde, probablement.

Et c'était pire avant.

On fait des progrès, mais lents.

Cette dualité existe déjà avec les petites filles et les petits garçons, au moment si crucial de leur éducation, et subsiste chez les grands.

D'autres preuves?

Tu es jolie, et assez bien avantagée côté balcon, et un homme te présente à un collègue ou un client. Avec parfois un sourire entendu (comme s'il couchait déjà avec toi, évidemment), certain de te faire plaisir, il dit: «Je te présente la jolie Valérie!»

Et la «jolie» Valérie sourit, comme si elle était ravie, même si elle ne l'est pas, bien au contraire.

S'il présentait un homme, ajouterait-il ainsi des épithètes physiques?

Non.

Pas plus que toi, si tu présentais Pierre Karl Péladeau ou Brad Pitt, tu dirais: «Je te présente le beau PK, le beau Brad.»

Non, tu aurais trop peur d'avoir l'air d'une conne ou d'un... homme!

Un autre cas de double norme?

Une femme qui, à raison, pète les plombs dans une réunion, parce que ses associés ou ses clients dépassent les bornes de la raison, passe trop souvent pour... une hystérique. Sinon elle traverse peut-être une «mauvaise période», comme chaque mois pendant quatre jours.

Un homme qui explose et, même, met son poing sur la table, est un type qui ne craint pas d'exercer son leadership: on le veut dans son équipe, surtout quand ça va mal à la *shop*.

Un homme qui met son pied à terre est un individu qui sait ce qu'il veut et qui a du caractère.

Une femme qui l'imite a… mauvais caractère !

Une femme qui te dit que « c'est trop cher » est une *freak* du contrôle, alors qu'elle veut juste… contrôler les dépenses parce qu'elle a un budget à respecter.

Un homme qui tient le même langage est un homme qui sait compter.

Pourtant, en général, les femmes savent mieux compter que les hommes et sont moins endettées : malgré leur maquillage et leur élégance, elles sont moins dans le paraître, plus dans l'être, et ont par conséquent un rapport plus sain avec l'argent.

C'est pour ça que de plus en plus d'hommes du 21e siècle veulent de plus en plus de femmes (jolies ou pas) et presque nées au 21e siècle (donc fort jeunes) non pas *en* leur compagnie, mais *dans* leur compagnie.

Ils ne veulent pas qu'une femme leur fasse simplement perdre la tête, ils la veulent… à la tête de leur entreprise !

Voilà des hommes modernes et surtout intelligents qui ont enfin compris où se trouvait leur profit.

En plaçant une femme à la haute direction, ils ne lui font pas une faveur : ils s'en font une à eux !

Charité bien ordonnée commence par soi-même !

Oui, je sais, il y a encore des préjugés, et ils sont aussi tenaces que l'imbécillité de ceux qui les colportent. Dès qu'une femme gravit rapidement les échelons d'une compagnie, on chuchote dans son dos, surtout s'il est beau et décolleté (dans le cas du devant plongeant et pigeonnant, alors c'est évident !) : « Elle a dû coucher avec le patron, même s'il n'est pas vraiment mignon, juste puissant et… peut-être pas toujours dans le bon département ! »

Enfin prenons mon cas.

Tous les hommes d'affaires dignes de ce nom veulent devenir millionnaires.

S'ils osent plus de sincérité, ils diront qu'ils aimeraient devenir – du moins s'ils le pouvaient ! – l'homme le plus riche du Québec et, en fait, pourquoi se limiter ? – du monde !

Mais en général ils ne le disent pas, de peur d'être humiliés par un échec éventuel, ou de passer pour des mégalomanes.

Moi, je commets donc une double faute.

Et le couperet de la double norme me tombe dessus, sans clémence aucune – même de la part de bien des femmes.

Je suis une femme et je déclare sans ambages que je veux devenir une des femmes les plus riches du Québec.

Je passe donc pour une obsédée de l'argent alors qu'en fait, je suis simplement une femme ambitieuse et indépendante. Une femme qui ne veut pas avoir besoin d'un homme pour décider de son destin – surtout économique –, même si je crois en l'amour – fou – et au mariage avec un prince charmant.

Mais avec une nuance : si je ne suis pas d'accord, si mon prince charmant devient un crapaud, si je suis malheureuse en ménage, je veux pouvoir tirer ma révérence quand bon me semble.

Est-ce que je suis obsédée par l'argent ?

Le double *standard*, la double norme, te dira oui, moi je te dis que je suis – je le répète – obsédée par mon goût de liberté, qui pour moi résonne comme celui du bonheur.

PS : Aussi garde en tête que pour un homme ou une femme d'affaires, la réussite financière de sa firme est le gage de son succès, le baromètre de son talent. On ne peut pas gagner d'Oscar ou de prix Goncourt, comme un comédien ou un écrivain : juste de l'argent.

On peut juste avoir de bons résultats financiers.

C'est notre vérité.

Comme le disait Yogi Berra : « *Winning is not the only thing, but there's nothing else !* »

Pour un entrepreneur, faire de l'argent, des profits, *there's nothing else.*

Pierre Péladeau l'a dit autrement, et ça choquait les bien-pensants de son époque, à telle enseigne qu'à ses débuts, il frôla même l'excommunication, car Québec inc. n'existait pas encore : lui et d'autres courageux pionniers le bâtissaient malgré les crachats des bien-pensants : « Pas de profits, pas de compagnie ! »

Ai-je « acheté », par ces précisions, un peu de ta clémence ?

Tu ne m'as pas encore bannie du cercle de tes amies en me taxant de trop de mercantilisme ?

Remarque que j'ai peut-être subi, à ce chapitre, la fâcheuse influence de Marc Fisher, qu'on accuse parfois de « marc... antilisme » !

NOTE AU SUJET DE LA DIFFÉRENCE ENTRE HOMMES ET FEMMES : Ta différence en tant que femme peut... faire la différence ! Ne l'oublie jamais ! Ainsi lorsque, à 24 ans, je suis arrivée au groupe Familiprix en disant, sûre de moi et claire dans mes ambitions, que je voulais ma pharmacie, je ne suis pas passée inaperçue : une jeune femme de 24 ans qui **veut** sa pharmacie, c'est plus remarquable qu'un homme dans la trentaine avec une moustache noire et un complet gris, qui veut la même chose !

J'attirerai toujours plus l'attention que tous ces hommes identiques, cravatés de soie ou pas. Mes jambes subtilement révélées par mon tailleur Chanel seront toujours plus rapides à séduire mes investisseurs ou mes partenaires éventuels que leur banal pantalon même... bien pressé !

Marketing de femme 101.

On est faciles à distinguer, nous, les femmes, dans le Boys Club, et la différence est souvent… payante !

Cela dit, je ne me maquille pas (je n'ai rien contre les femmes qui le font, soit dit en passant !). Et je ne porte jamais de décolleté au travail.

Je ne veux pas qu'un client ou un investisseur me propose une affaire parce que j'ai de beaux yeux ou un beau c… mais parce que je suis compétente, et qu'il comprend que, grâce à mes idées, mes services, ma gestion, ma vision, il fera plus d'argent !

Et c'est ce que tout homme d'affaires veut, Boys Club ou pas.

28

Je ne suis pas une *superwoman* – et je suis anxieuse...

Je ne suis pas une *superwoman*.

Pour moi, une *superwoman,* une vraie, c'est une femme qui réussit dans le Boys Club et qui a un, deux ou trois enfants.

Et parfois même un conjoint ou une vieille mère malade.

Moi, je n'ai pas de vieille mère malade.

Mon père est mort et je suis célibataire et sans enfants, donc libre à 100 %.

De mon temps.

De mes horaires de travail, excessifs ou pas.

De mes loisirs, quand je m'en permets.

De mes jours et de mes nuits, avec ou sans amant – la plupart du temps sans !

Des repas que je fais ou plutôt que je ne fais pas, car 9 fois sur 10, je mange au restaurant : je ne supporte pas la solitude de mon condo – même s'il vaut plus d'un million. Et je veux aussi faire des affaires même quand je mange : j'ai une légère déformation professionnelle, je sais.

Oui, je suis libre, la plupart du temps.

De mon budget, de mes choix et de mes décisions d'affaires – risquées ou pas.

En somme, soyons lucide et honnête : c'est plus facile pour moi de réussir que pour une femme avec famille et enfants – surtout si elle est monoparentale, forcément. Premièrement, j'ai plus de temps, j'ai même tout mon temps. Et puis, c'est plus facile de se surpasser le jour quand on n'a pas passé une nuit blanche à soigner un enfant.

C'est plus facile d'avoir une idée de génie ou même simplement les idées claires lorsque tu es seule et sans charge d'âme que lorsque tu penses constamment à ton enfant malade – surtout gravement.

J'en profite pour lever mon chapeau aux femmes qui tentent de résoudre la quadrature du cercle de la conciliation travail-famille.

Victimes, là comme ailleurs, de la double norme sexiste, elles exécutent souvent à la maison – et dans l'éducation des enfants – le double des tâches que leur conjoint accomplit… même si elles gagnent le double de son salaire !

Même semblables à des « rois » déchus, les hommes gardent leurs privilèges, jusqu'à avis contraire.

Un autre raison pour laquelle je ne suis pas une vraie *superwoman* est que je ne suis pas une machine.

À preuve, je suis… anxieuse.

Et les machines ne le sont pas car elles n'ont pas de sentiments.

Oui, ANXIEUSE !

Remarque, je crois que tout le monde l'est, d'une manière.

Nous portons presque tous en nous cette «fabrique d'anxiété» dont j'ai peut-être hérité malgré moi – et à mon corps défendant – et que m'ont léguée mes parents, véritables maîtres en la matière.

On pourrait appeler ma fabrique ANXIÉTÉ INC. J'ai déjà L'ACTIVATRICE INC., AMOUR INC., PARENTS INC. et quelques autres sociétés à gérer, comme tu sais !

En général, cette fabrique nous semble honteuse, si bien que nous ne l'admettons pas.

Surtout si on est un homme : ils ne savent écouter ni les autres, ni leur corps, ni leur cœur !

La fabrique d'anxiété se fout de nos protestations, de nos dénégations.

Même si on l'ignore – ou prétend l'ignorer –, elle nous livre les fruits, souvent amers, et parfois catastrophiques, de sa chaîne de montage.

Ces fruits malsains ont de tristes appellations «non contrôlées» : insomnie, eczéma, palpitations de cœur, haute pression, migraine, mal de dos, points au cœur, dépression, anorexie ou l'embonpoint, sa contrepartie.

Cancer aussi, je crois, comme tu verras sous peu dans la triste conclusion de cette tranche de ma vie.

Comment tentons-nous de déjouer, de contrer, de contre-carrer, de geler, d'endormir – quel verbe choisir ? – cette anxiété si présente, si dévastatrice ?

Ça dépend. Mais ça revient presque toujours à des… dépendances !

Comme celles au tabac, à l'alcool, à la coke, à la mari, à la pornographie, au sexe en série, aux jeux de hasard qui ne laissent rien au hasard pour… leurs gestionnaires, à Facebook même, à la nourriture évidemment, qui remplace les caresses, les compliments que tu ne reçois pas, et feront, aberration statistique, que la nouvelle génération vivra moins longtemps que ses parents, attaquée qu'elle est et avec succès par l'obésité et le diabète de type 2!

Et il y a des dépendances moins délétères. Mais qui cachent le même sentiment anxieux.

En voici la courte liste: le sport, la chirurgie plastique à outrance, et le… travail excessif!

Le travail excessif…

C'est ma dépendance!

J'ai beau m'être juré que jamais je ne répéterais les erreurs de mon père, à la fin, ces dictons l'emportent: *le fruit ne tombe jamais loin de l'arbre*, ou *bon sang ne saurait mentir*.

Est-ce parce que, lorsque je brasse des affaires ou porte mon sarrau de pharmacienne, j'ai le sentiment d'être encore avec mon petit papa, dans la pharmacie magique de mon enfance?

Je sais aussi que plus je suis angoissée, plus je suis portée à travailler.

Quand, inquiète, je me suis ouverte de cette contradiction à mon coauteur, il s'est contenté de sourire et a laissé tomber, sortant de sa mémoire une citation comme un magicien sort un lapin de son chapeau:

— Platon a dit: «Toute philosophie digne de ce nom renferme le germe de sa propre contradiction.»

Je n'ai pas été sûre de comprendre – la philosophie, moi! – mais j'ai pris ça comme une absolution.

Après tout, admettre ses contradictions, c'est mieux que de ne se rendre compte de rien et de s'offusquer à la moindre critique, qui nous les rappelle. Non?

J'ai aussi une autre dépendance : la gomme !

Je suis incapable de m'en priver.

Je fais de l'exercice, je surveille mon poids, je ne fume pas, ne bois presque pas, mais... ça me prend une gomme dans la bouche ! Du matin au soir, sauf quand je mange bien sûr, mais si je trouve un jour le truc... je m'y mets : promis !

Je chique même (mais plus discrètement, évidemment) quand je parle en public ou j'embrasse un homme.

Je dois même avouer, à ma courte honte, que certains de mes amants ont retrouvé ma gomme dans des endroits inattendus... de leur corps !

Par délicatesse, je m'abstiens alors de mâcher de la gomme *balloune* : ce serait plus difficile et douloureux à retirer, dans la... forêt de mon égarement !

J'ai beau tout faire, l'angoisse reste ma compagne de voyage.

D'où vient-elle ?

J'ai réfléchi à la question et voici quelques-unes de mes conclusions, forcément provisoires, vu mon jeune âge :

- J'ai peur de décevoir les autres.

- Je veux tellement que tout soit parfait, que tous les gens autour de moi respirent le bonheur, que ça me rend angoissée quand je n'y parviens pas.

Cela arrive souvent, malgré tous mes efforts ! Alors je mâche...

Et si je pose davantage de questions à l'angoisse, cette compagne de voyage indésirable, je trouve à sa présence des raisons que tout le monde connaît.

29

L'argent ne te guérit pas du mal du siècle

Au fond, ce qui m'angoisse le plus, c'est la solitude. L'absence de l'autre et surtout – je ne dois pas être une féministe authentique – d'un homme. Qui ne veut pas juste me faire rêver, me baiser (souvent mal) et me jeter après, adepte de notre civilisation du prêt-à-jeter, du *fast-food* amoureux.

Oui, une bonne part de ma solitude vient, je crois, du fait que je n'ai pas encore trouvé un homme que je trouve vraiment intéressant, et qui lui aussi me trouve vraiment intéressante.

Pas juste pour mes seins, mon cul et mon joli minois, qui partiront en voyage loin de moi dans quelques années, malgré tout le gym et toutes les diètes et les chirurgies plastiques, comme l'assiette de plastique dans laquelle j'aurai été consommée et jetée dans ma jeunesse : tu ne restes jamais longtemps *the flavour of the month*, forcément.

Oui, ce qui me tue, me ravage et m'angoisse, c'est l'absence d'un homme, un vrai, qui me plaise, me dise les vraies choses, ne me mente pas et ne soit pas avec moi (tel un raté qui n'ose pas s'afficher) juste parce que je suis un bon parti.

Et lui pas.

Je ne veux pas un simple partenaire, un investisseur ou un exploiteur, mais une âme sœur !

Pour enfin rompre le cercle de l'angoisse, et cesser de me lever seule, le matin.

De me coucher seule, le soir.

Dans un lit froid et vide, sauf de moi.

Même si les draps sont de satin.

Est-ce qu'on ne s'en fout pas, à la fin ?

Jamais ou presque personne à mes côtés… sauf exception, pour une nuit ou deux, quand je cède par trop grande solitude. À des hommes qui souvent ne valent pas la peine et me font sentir encore plus seule, lorsque je me retrouve seule le lendemain matin !

Mon angoisse me vient aussi, je crois, de cette pensée que ma solitude n'est peut-être pas près de finir. Je veux dire : ce n'est pas nécessairement demain que je rencontrerai l'homme de ma vie.

Alors quand ?

Angoissant, si tu y penses – et même si tu n'y penses pas, car ton cœur y pense à ta place !

Parfois aussi, les regrets ou la culpabilité viennent prêter main-forte à mon angoisse.

Je me dis: *Si tu ne t'étais pas fait avorter et si, au lieu de marcher vers la potence, tu avais pris tes jambes à ton cou, comme ta voisine à la clinique, à la dernière minute, tu serais mère, par conséquent tu ne serais pas seule, tu aurais une enfant.* J'ignore pourquoi, mais j'ai toujours pensé que je portais une fille dans mon ventre.

Alors j'aurais une sorte de famille.

Une famille…

Comme j'en avais une, dans mon jeune âge…

Car malgré les imperfections et les absences de mon père, nous formions, avec lui et ma mère, la Sainte-Trinité.

Qui est maintenant amputée de sa tête.

J'ai le sentiment d'avoir perdu ma base, ma référence.

Je vis seule, et même en compagnie de ma mère, ce n'est pas pareil.

Remarque, je cède rarement longtemps à la nostalgie.

Je ne vis pas dans le passé, par philosophie et tempérament. Je tente seulement d'en retenir les leçons. Mais quand je cède à la nostalgie, malgré mes résolutions, je chique.

Je vous offre un regard lucide sur l'angoisse de la solitude : à lire ou mieux encore à « lizotter » à petites doses, ou grandes, selon votre humeur. Il s'agit d'un texte commis par Kim Lizotte (d'où la suggestion de le « lizotter ») à la suite du suicide du génial comédien Robin Williams.

LA VIE C'EST COURT, MAIS C'EST LONG DES PETITS BOUTS

*L*e clown était triste. Et personne n'a su le faire sourire. Le clown est parti.

On nous apprend à lire, à compter, à regarder des deux côtés avant de traverser la rue.

La géographie, la trigonométrie, comment faire une cabane à moineaux avec trois planches de bois.

On nous apprend à conduire, à économiser, à acheter.

Et ainsi va la vie.

Mais personne ne nous apprend à toucher, goûter et entretenir son propre bonheur.

Personne ne nous avertit qu'on peut tout avoir et quand même se sentir vide. Jamais les deux pieds sur terre, jamais dans le même monde que les autres. Les yeux qui voient tout en gris. Toujours en marge, jamais satisfait, jamais comblé par ce qui semble combler nos voisins. Être affolé par son propre silence. Se sentir seul, même entouré. Chercher désespérément à taire un mal-être qui crie trop fort, et demande d'être calmé. Et souvent, on se calme à même la bouteille, avant de se noyer dedans.

Personne ne nous avertit qu'on peut être abandonné. Et que lorsque ça arrivera, ce n'est pas comme dans les films, ce n'est pas après deux boîtes de Kleenex et trois tablettes de chocolat qu'on va s'en remettre.

Qu'un chagrin, qu'un deuil, qu'une épreuve, c'est long.

Qu'un obstacle, ce n'est pas comme à la télé, on ne s'en remet pas en trois épisodes.

Que la déprime, la tristesse et, à l'extrême, la dépression, ça peut devenir un combat de tous les jours, pour le reste de sa vie.

Derrière le plus grand château, la plus belle famille, les plus grands accomplissements, peut se cacher un cœur inassouvissable d'amour et de quiétude. Une incapacité à trouver sa place. Et une lourde impossibilité à goûter au bonheur.

Et c'est là qu'on se sent seul, quand tout le monde veut être à notre place et que notre place, on la donnerait à tout le monde.

Personne ne nous dit qu'on peut:

— se sentir seul même devant la foule qui applaudit.

— verser une larme, même au chaud, les pieds dans le sable.

— avoir envie de mourir, même avec son enfant dans les bras.

Et c'est peut-être là que ça fait plus mal. Pas lorsqu'on est victime d'une tragédie ou au fond du baril. À ce moment-là, tout le monde s'attend à ce qu'on soit malheureux. On sait tous quoi faire. C'est normal d'être triste, anéanti, en détresse, après un choc, une épreuve. Et là on est moins seul, parce qu'on sait comment soutenir ceux qui crient à l'aide.

Mais comment venir en aide à celui qui a tout et qui n'a plus envie de rien ?

Peut-être qu'on se sent encore plus seul et malheureux quand on a tout accompli ce que les autres sont incapables d'accomplir. Peut-être qu'on se sent mal de réussir en faisant quelque chose qui nous semble facile. Peut-être qu'on arrête d'aimer la vie quand on n'a plus l'occasion de se prouver et de courir.

Comment est-il possible de s'attendre à ce que les autres aient de l'empathie quand ils nous envient ?

Quel voyage, quel achat, quelle personne va finir par combler le vide existentiel et la douleur de celui qui a tout et qui fait l'envie de tous ? Quoi chercher, à quoi s'accrocher quand même l'amour ne suffit pas ?

On nous apprend à lire, à compter, à regarder des deux côtés de la rue avant de traverser.

Mais on ne peut apprendre à l'autre à s'aimer.

On pense qu'en vieillissant on s'assagit et que l'essentiel nous comble davantage.

Mais la vérité, c'est qu'on peut avoir de plus en plus de mal à rebondir. Et perdre de plus en plus l'espoir qu'on finira par guérir de ces blessures qui nous alourdissent.

La vie c'est court, mais c'est long des p'tits bouts. Comme disait l'autre.

Quand on se dit que Robin Williams avait passé le cap de la soixantaine et qu'il a préféré mettre fin à sa vie plutôt que de profiter des dernières années qui lui restaient, on ne peut qu'être confronté à sa propre existence. Saurai-je trouver à quoi m'accrocher ? Saurai-je trouver une paix intérieure qui me poussera à continuer ?

Le clown était triste. Et personne n'a su le faire sourire. Le clown est parti.

C'est à nous maintenant de chercher à comprendre comment nous pourrons, dorénavant, consoler les clowns et leur donner envie de continuer à nous faire rire.

Kim Lizotte, *Journal de Montréal*,
publié le jeudi 14 août 2014, à 18 h 21 |
Mise à jour : vendredi 15 août 2014, 17 h 22

Merci, Kim, pour ton IE (intelligence émotionnelle) et ta rationalité existentielle.

À un moment, l'année dernière, j'avais pris de sérieuses résolutions au sujet de ma compulsion. Je me suis dit : *Eliane, fais une femme de toi ! À telle date, tu arrêtes la gomme, c'est fini.*

Mais le 1er avril 2013, je me suis mise à mâcher ma gomme plus que jamais dans ma vie.

Je me trouvais à la BN chez mon gérant, à qui j'avais apporté des papiers pour qu'il établisse mon bilan puisque je tentais d'obtenir un prêt.

Après un examen rapide, il me regarde avec un air perplexe, comme si ma demande était ridicule – ou rejetée d'avance.

Inquiète, je lui demande :

« Est-ce qu'il y a un problème, Mario ?

— Un problème ? Non, mais tu aurais dû me le dire avant !

— Te dire quoi ?

— Ben, tu es millionnaire, Eliane ! »

Je souris, un peu surprise, car mes commerces m'occupaient tellement que je ne m'en étais même pas rendu compte.

J'étais millionnaire !

Comme j'en rêvais depuis mon enfance.

Mais ma joie fut de courte durée.

Car comme j'ai dit plus tôt, ce que la vie nous donne d'une main, elle nous l'enlève souvent de l'autre.

Mon cellulaire a sonné, j'ai regardé qui c'était : ma mère. Je ne sais pas pourquoi, peut-être parce qu'elle ne m'appelait jamais à cette heure, j'ai eu une mauvaise sensation, une intuition que…

Je me suis excusée auprès du banquier, j'ai répondu au téléphone. J'ai cru que mon cœur allait littéralement exploser dans ma poitrine. Ma mère, en sanglots, venait de m'annoncer :

« Ton père est à terre dans le portique, il bouge plus.

— Il est mort ? »

30

Mon petit papa ne va pas

Mon père n'était pas mort.

Mais moi, j'étais morte… d'angoisse !

Ma mère m'a expliqué :

« Ton père est tombé, il s'est cassé la jambe. Il souffre le martyre. L'ambulance arrive. »

Moi aussi, je suis arrivée à la vitesse d'une ambulance à l'Hôpital régional de Saint-Jérôme, tirant ma révérence auprès de mon banquier qui venait de m'annoncer une bonne nouvelle qui ne me faisait ni chaud ni froid, dans les circonstances.

À la fin, on n'est rien, ni pauvre ni millionnaire : juste la fille ou la mère ou l'amoureuse de quelqu'un. Tout le reste est de la frime, de l'argent de Monopoly !

Une chute, une fracture, ce n'est pas la fin du monde, je sais.

Sauf quand son origine n'est pas celle, banale, que tu avais imaginée.

En fait, ce n'était pas la chute – dans les escaliers de la porte d'entrée – qui avait causé la fracture de papa : c'était la fracture – subite – de son tibia, qui avait causé sa chute !

Nuance capitale qui laissait présager le pire des diagnostics.

Papa avait quand même trouvé la force de se traîner comme un animal blessé jusqu'à la porte d'entrée où il avait réussi à frapper ou sonner, je ne sais plus, et ma mère l'avait trouvé là, gisant, grelottant, impuissant…

Quand je l'ai retrouvé à l'hôpital, il m'a fallu toutes mes forces pour ne pas fondre en larmes : je n'en avais pas vraiment le droit, comme tu t'en souviendras, vu qu'il ne me l'avait jamais accordé.

Et je ne voulais pas lui déplaire par l'expression de ma « faiblesse », qu'il ne tolérait pas même si j'étais une fille. Sauf que, comme dans la Sainte-Trinité, j'étais pour lui le Fils. Il y avait une certaine logique à ça, du moins dans sa tête si hermétiquement protégée par le Mur.

Un homme, ça ne pleure pas !

À mon arrivée à l'hôpital, mon père m'a regardée en me disant, comme un enfant (la maladie, surtout soudaine, surtout grave, te rend souvent ainsi, malgré les ans) :

« Peut-être que c'est de l'ostéoporose… »

Je l'ai regardé dans les yeux, ses yeux qui étaient si beaux et si pleins d'humour.

Les larmes montaient dans les miens.

Coupable de ce crime, je me suis détournée, et enfin, reprenant un certain empire sur mes émotions et chiquant de plus belle ma gomme, sincère à ma manière habituelle, j'ai dit, forte de mon expérience médicale :

— Je ne pense pas, papa, je crois plutôt que ce sont des métastases osseuses. »

J'appuyais mon diagnostic spontané sur plusieurs faits. À 60 ans et des poussières, une simple chute te fracture rarement le tibia – à moins que tu ne tombes d'un deuxième étage ou du haut d'un arbre.

Et l'ostéoporose chez un homme de l'âge de mon père, ça fait rarement des ravages aussi précoces.

Restaient les métastases.

D'autant que, depuis un mois, mon père se plaignait de douleurs au dos, mais, pour ne pas passer pour un faible et un plaignard – double faute à ses yeux –, il travaillait quand même et souvent 12 heures par jour, comme le jeune pharmacien qu'il n'était plus.

Comme le jeune pharmacien qu'il était à mes débuts exaltants à ses côtés, à 6 ans, à 8 ans, à 12 ans. Comme il est loin, déjà, ce temps !

Au jour 2 de son hospitalisation, le couperet du diagnostic est tombé, confirmant ce que j'avais hélas deviné ou à peu près : cancer d'origine inconnue avec métastases osseuses dans les jambes et la colonne vertébrale.

Le lendemain matin, ma mère, touchante dans son optimisme qui prenait, comme ça arrive si souvent, le banal visage du déni, a dit, à la serveuse du resto où nous déjeunions si souvent (elle demandait des nouvelles de papa) :

« Le médecin pense que c'est le cancer, mais il n'est pas certain. »

Le médecin ne **pensait** pas que c'était le cancer : il en était **certain** ! Certitude douloureuse, révoltante, insupportable.

Pourtant, j'ai remis les pendules à l'heure : c'était mon devoir de scientifique.

Ma mère était dévastée.

Optimiste increvable, humoriste sans en faire profession sauf auprès de ses clients qui l'adoraient, mon père aussi espérait encore un miracle.

On opéra avec succès sa jambe cassée, mais sa colonne vertébrale dépérissait.

Toute sa vie, mon père avait voulu écrire – il en avait le talent, je crois – comme il avait voulu rénover la maison, entreprendre des projets sans cesse remis au lendemain.

Or sa mort annoncée – ou en tout cas probable – redonna vie à ce projet.

En voici quelques extraits que j'ai dû élaguer car, comme a prévenu Boileau : « Qui ne sait se limiter ne saurait écrire. »

31

Journal d'hôpital de mon père

JOUR 1 OU 2, JE NE SAIS PLUS…

Car le temps passe différemment dans un hôpital dont on ne ressortira pas vivant, sans doute, et ce doute nous tue car en chaque doute se cache un espoir que voit notre désespoir de son œil implacable et noir…

Par la fenêtre de ma chambre, cloué sur mon lit comme un prisonnier en sa cellule, je vois le lever du soleil, dans toute sa splendeur. Il y a du rose, il y a du bleu, il y a de l'or. Quel spectacle grandiose! Et dire que Dieu nous l'offre chaque jour et que nous ne le voyons pas! Sommes-nous aveugles? Moi oui, sans doute, car je voyais juste mon labo, mes éprouvettes, mes tablettes. Mes clients aussi, à la vérité, mes chers clients, qui étaient pour moi autant d'adorables enfants, mais à un degré moindre que ma seule enfant évidemment, ma fille Eliane, ma rose, mon cœur!

Et il y avait ma femme, mon âme sœur, ma certitude que j'ai si souvent négligée… Me pardonnera-t-elle un jour cette trahison?

Le cancer, malgré toute sa laideur, m'a apporté sur un ironique plateau d'argent les lunettes qui me permettent maintenant de voir toute la beauté de la Vie. Mais il est trop tard : je vis sur du temps emprunté, et mon banquier est chiche. Il me reste combien de temps ? Je sais, on doit tous mourir un jour, mais quand tu sais quand, plus précisément, ça limite tes élans, et pourtant... cette splendeur dans le ciel, cette aube qui me surprend et me donne une leçon nouvelle, celle de sa beauté, gratuite et partout présente...

JOUR 2 OU 3, JE NE SAIS PLUS

En chaque chose, même en apparence malheureuse, vois la leçon que la vie tente de t'enseigner : j'ai retrouvé ma femme et ma fille que j'avais perdues. Par ma faute. Désormais incapable de travailler, je suis capable de passer du temps avec elles, mes anges, mes beautés. Et, je le réalise sur le tard, rien ne peut remplacer le temps en compagnie de ceux qu'on aime. C'est fou comme on passe sa vie à... passer à côté de l'essentiel !

JOUR 3 OU 4, JE NE SAIS PLUS

Dans ma métamorphose, j'essaie de voir avec les yeux de l'âme... Ce n'est pas évident, je n'ai pas d'entraînement. J'avais construit un mur autour de mon cœur. Mais lentement, des pierres s'en détachent, et je sens des ouvertures, et par elles passe magnifiquement la lumière du ciel qui m'appelle.

Je comprends maintenant ce que me répétait souvent ma femme : il faut vivre le moment présent... Je n'ai pas le choix, je n'ai plus d'avenir ! Je dois maintenant travailler sur mon âme que j'ai trop négligée, avant de la rendre... à moins que ce ne soit le corps qu'on rende ! Je préfère ce dernier, à la réflexion, car il est usagé, et mon âme est toute nouvelle pour moi puisque je la découvre...

J'ai laissé un message à Mme Francoeur, mon adorable banquière de la Banque Nationale, pour mettre de l'ordre dans ma maison avant de partir vers ma prochaine demeure... mais tout à coup j'éprouve une sorte de difficulté d'être, je n'ai plus la tête à ça, on dirait que je décroche de ce monde, de ses soucis, de ses bruits ou c'est le monde qui décroche de moi. Va savoir, surtout quand tu n'es plus qu'un grabataire comme moi, qui pourtant tente de donner le change, sourit du mieux qu'il peut aux visiteurs malgré la douleur, pour ne pas trop leur rappeler que tu es le miroir de ce qui les attend et que tout va pour le mieux dans le meilleur des mondes : demain, assurément, tu te lèveras, tu te sentiras tout neuf, tout beau, et tu iras boire avec eux ou jouer au golf, c'est encore mieux comme preuve de ta résurrection.

Je collectionne les deuils comme d'autres les cartes de hockey, les timbres ou les voitures anciennes.

Ce premier deuil, qui me tue, est que, probablement, je ne travaillerai jamais plus.

Ça prenait ça pour m'arrêter, pour me guérir de cette folie, de cette drogue, de cette peur de toujours manquer d'argent... Pourquoi m'a-t-il fallu tant de temps, tant de temps ? Pourquoi est-ce que je comprends cette vérité seulement maintenant qu'il est trop tard ?

Le deuxième deuil est que je ne marcherai jamais plus comme avant, sans marchette ou fauteuil roulant. Pas de quoi pavoiser, en somme, surtout pour un homme fier comme moi !

Le troisième est que je ne retournerai jamais chez moi : mes amis tentent parfois de me faire sourire par la promesse d'un destin contraire, mais j'ai mes réserves. De lucidité.

Le quatrième deuil est que... est que... je peux juste te prévenir : si tu ne viens pas à mes funérailles, je n'irai pas aux tiennes ! Fais-en ton deuil !

JOUR 4 OU 5

Ce matin, comme j'étais faible et que j'avais peur de… de ce qui m'attend, j'ai téléphoné à mon vieux père… Je l'ai appelé «papa» pour la première fois de ma vie… Ça m'a fait drôle, cette intimité nouvelle comme la rose soudaine de la philosophie dans ma vie, et ça a fait encore plus drôle à mon père, il faut croire, parce qu'il a raccroché sans rien dire. J'ai de qui tenir : si je suis un mur, il est une muraille ! Ça m'a fait drôle mais en même temps ça m'a fait du bien. Dans l'impasse de la vie, il faut toujours que quelqu'un fasse le premier pas : c'est le vrai courage, je crois. Je sais que ce n'est pas un grand exploit de dire *papa* à son père mais, pour moi, ça l'était. Dans la même foulée, j'ai appelé ma sœur, et je lui ai dit «je t'aime, sœurette». Elle aussi n'a rien dit, comme papa, mais elle s'est mise à pleurer à l'autre bout du fil et comme elle pleurait trop, c'est moi qui ai raccroché. Elle a toujours été malheureuse, c'est connu dans la famille, mais je crois que mon message lui a donné sinon le bonheur du moins un… espoir de bonheur : il n'y a pas de petits bénéfices en ce domaine.

En raccrochant malgré la certaine fierté que j'éprouvais, j'ai réalisé, non sans tristesse, que j'avais entamé la cérémonie des adieux et même si je gardais de l'espoir, une partie de mon être sait la vérité et agit en conséquence. J'essaie de réparer les pots cassés avant qu'il ne soit trop tard, pour partir l'âme en paix : mieux vaut voyager léger, surtout lorsqu'on ignore la longueur du périple. Ça m'a fait tellement de bien : j'aurais dû il y a longtemps me prescrire semblable médecine. Pharmacien mal chaussé !

Pourtant au crépuscule de ma vie, il me reste une question, LA question : c'était quoi, mon rôle dans cette grande mascarade ? J'ai souvent le goût de rire de cette absurde comédie, mais lorsque je pense que je ne pourrai plus voir Carmen ni Eliane, j'ai plutôt envie de pleurer, car je sais que si je m'étais ménagé, il me serait sans doute resté quelques années de plus, et ces années auraient été une éternité. Maintenant je serai une éternité sans elles, une éternité! Comment ferai-je pour vivre sans elles, pour vivre sans elles, pour l'éternité?

JOUR 5 OU 6

À mon réveil, en prenant mon café, mon rêve de la nuit a passé, comme on dit : je me suis rappelé que j'avais rêvé que… je ne me réveillais plus! En temps normal, l'angoisse se serait emparée de moi, devant si sombre présage, mais tout était serein, beau et tranquille. Tout était réglé comme du papier à musique. J'étais bien, j'étais avec Eliane, j'étais avec Carmen, nous travaillions même dans la même pharmacie du Ciel : nos clients étaient des anges, nous leur prescrivions bizarrement des doses de Bonté et d'Amour sous prétexte que c'était la meilleure médecine. Beau rêve, en somme, et plein de sagesse, sans doute. Mais là, j'ai mal. Très mal, et ça occupe toutes mes pensées. Prochaine injection d'antidouleur dans 30 minutes. Je tente en vain de m'intéresser à mon journal du matin. Plus que 15 minutes avant mon injection… *Le bonheur ou presque dans 15 minutes*, ce pourrait être le titre d'un roman grinçant, ou le résumé de ma vie, ou de ce qu'il en reste, c'est selon. C'est fou, en tout cas, de penser que, à un moment, notre bonheur dépend d'une injection – et du bon vouloir du médecin ou de l'infirmière qui te l'administrera!

JOUR 6 OU 7

J'ai enfin trouvé la réponse à la grande énigme de la Vie peut-être parce que, justement, ma vie tire à sa fin… Remarque, les doses de plus en plus fortes de médicaments qu'on m'injecte affectent peut-être mon jugement et me font croire que je suis philosophe alors que je n'ai toujours été qu'un modeste pharmacien.

Modeste pharmacien, soit, mais aussi excellent pharmacien. Voilà hélas le seul domaine où j'ai excellé, car au fond, si je fais mon examen de conscience, même si j'ai toujours été un pourvoyeur irréprochable, gloire mineure, je dois admettre que j'ai été un mari absent, et un père à temps partiel, malgré tout l'amour que j'avais pour ma femme et ma fille, tout l'amour, car ils étaient ma vie, toute ma vie, même si toute ma vie, je l'ai passée dans une pharmacie.

De quelle faute mystérieuse voulais-je me punir?

De quelle absurde angoisse voulais-je me soulager?

Et pourquoi cet exil volontaire du pays de mes seules amours vraies, ma femme et ma fille?

Que ceux qui viennent après moi dans la ronde souvent obscure et absurde de la vie et qui ont plus d'années dans leur sac – ou du moins le croient-ils – en tirent une leçon utile!

JOURNÉE NON NUMÉROTÉE MAIS QUI S'AVÉRA LA DERNIÈRE DU JOURNAL DE PAPA

Hier, pendant la nuit, j'ai vécu l'expérience de ma vie. Je m'avançais vers un temple aux colonnes semblables à celle d'un temple grec. Soudain en sort une magnifique lumière bleue. Qui entre en moi et me remplit d'amour.

Il me semble que c'est la lumière de mon âme – ou de Dieu. Mais comment dire? La seule chose que je peux dire est que lorsque je me suis réveillé, je n'avais plus qu'une pensée, qu'une certitude: IL N'Y A QUE L'AMOUR QUI COMPTE, QUE L'AMOUR.

Dit autrement: JE SUIS AMOUR.

Mais une terrible douleur au dos m'empêche de poursuivre ce journal et cependant…

Qu'importe!

Et les paroles de Brel montaient en mon âme de poète soudain, moi modeste pharmacien :

Quand on n'a que l'amour
À s'offrir en partage
Au jour du grand voyage
Qu'est notre grand amour…

J'étais trop occupé ailleurs pour être en amour.

Me revoilà…

I'm back !

JE SUIS DE RETOUR !

JE SUIS EN AMOUR !

I'M IN LOVE !

Je ne suis plus ailleurs, dans mes stupides inventions, mes angoisses inutiles, mon vain désir de prouver que je peux réussir : LA SEULE CHOSE QUI, MAINTENANT, COMPTE POUR MOI, EST D'ÊTRE.

Mais quelle ironie de la Vie ! Je ne serai plus longtemps là, le temps me manque. Car pour moi, le rideau tombe sur le théâtre de ma vie, qui aurait été absurde, sans ma maladie philosophique.

Oui, dans cette crise d'amour extrême que m'apporte la vie sur le plateau de la maladie, je…

Les forces me manquent…

Je t'envoie ce journal, Eli, élue de mon cœur, pour que tu saches, pour que tu te rappelles à tout jamais que… je t'aime depuis le premier jour et que… et que le dernier jour n'est pas celui que tu penses…

Il y en aura d'autres pour toute l'éternité, mais là, en ce moment, je dois dormir, et peut-être m'en aller, pour toujours, je m'en excuse.

PS : Un soudain sursaut de force me permet de tracer ce post-scriptum : tout a une fin, certes, mais tout est bien qui finit bien. Je viens de vivre les plus beaux jours de ma vie. C'est ironique, je sais, mais c'est la vérité… Je sens la puissance du… comment l'appeler ?… Plan divin ? Et, m'inclinant devant le talent du Grand Architecte, je me réconcilie avec mes révoltes récentes, j'oublie mes blessures anciennes.

Je ne suis plus le même.

Et dans mon cas, c'est forcément un progrès !

Si je fais le bref mais exact bilan de ma vie, je dois admettre que je vivais, ou devrais-je dire survivais par… l'amour du travail.

Le travail est disparu de ma vie.

En conséquence, il me reste juste… l'amour !

Oui, par une simple mais efficace soustraction de la maladie, je n'ai plus que l'amour en héritage, c'est mon seul, mon dernier compagnon de voyage ; et comme je suis pharmacien jusqu'au bout, et que je me sens même devenu l'apothicaire de Dieu, j'en fais la prescription à ceux qui viendront après moi : il n'y a nul remède qui équivaille à l'amour ! Tous les autres sont des imitations.

PPS : Merci à mon Grand Chum DIEU de m'avoir enfin ouvert les yeux. Oui, comme mon chum Gerry Boulet, maintenant je vois la vie *avec les yeux du cœur, les yeux du cœur… encore une autre nuit…* mais peut-être pas, peut-être pas, car j'arrive à la fin… Ou au début… *The party is over*, mais il se poursuit peut-être ailleurs…

Eliane, où es-tu ?

Eliane où es-tu, ma fille adorée, ma confidente, ma complice ?

32

Mon petit papa s'en va

Chaque fois que je relis le journal d'hôpital de mon père, je suis bouleversée.

Et je pense : on a beau être philosophe, avoir ou pas des millions, accepter ou pas ce que Dieu nous envoie – et... où il nous envoie, à la fin du voyage ! – on reste humain devant la mort et, en somme, on retourne en enfance même si on a toute sa tête – ou presque.

À preuve : quatre petits jours avant sa mort, mon père qui, par sa formation, connaissait pourtant l'inéluctabilité du pronostic, et voyait bien le peu de temps qui lui restait dans sa besace, m'a demandé, l'œil arrondi par cette naïveté qui subsiste jusqu'à la fin, surtout quand elle est proche :

« Eliane, est-ce que ma maladie est mortelle ? Est-ce qu'il y a encore de l'espoir ? »

J'ai toujours été partisane de dire la vérité – du moins quand je la connaissais.

— Oui, papa, elle est mortelle.

C'est si triste, quand tu y penses, de rappeler à celui que tu aimes plus que tout au monde cette vérité : « Oui, ta maladie est M-O-R-T-E-L-L-E ! »

Et j'ai ajouté :

« Je t'aime tellement, papa, je t'aime tellement ! »

J'ai déjà vu de la tristesse dans un regard, mais jamais une tristesse comme celle que j'ai vue dans celui de mon père, car elle était doublée – que dis-je ? –, triplée d'impuissance, de désespoir, et de cette terreur inévitable devant l'inconnu que je lui rappelais à ce moment-là…

Admirable dans sa détresse, même après ce pronostic accablant, mon père a quand même trouvé la force de dire, s'oubliant pour me parler de moi, ce que la plupart des gens, même bien portants, sont incapables de faire :

« Je ne suis pas inquiet pour toi, je sais que tout ira bien ; je suis tellement fier de toi, si tu savais, je n'aurais pas assez du reste de ma vie pour te le dire, pour ajouter des roses à ta couronne de lauriers. À la vérité, ma fille, tu es la personne la plus impressionnante que j'aie jamais vue. Tu iras loin, mais si tu ne veux pas te perdre en ce voyage, en cette entreprise, tire la leçon des erreurs de ton vieux père, et rappelle-toi constamment : seul l'Amour compte. Seul l'Amour. »

À ce moment décisif, nous avons pleuré ensemble pour la première fois de notre vie.

Nous, les deux glaciers – je l'étais devenue, il est vrai, par crainte de l'échauder ! –, nous nous sommes transformés en un véritable torrent de larmes, d'autant plus important qu'il avait de tout temps été contenu.

Ma mère en a grossi le flot quelques minutes plus tard – avant que… le flot de visiteurs coutumier arrive, qui disaient souvent : « Il a l'air bien, ton père ! »

Ce à quoi, invariablement, égale à moi-même dans mon honnêteté, même désespérée, j'objectais :

— Oui, mais il va mourir !

Réunies autour de mon père plus que jamais présent même s'il s'absenterait définitivement – c'était évident –, ma mère et moi l'avons serré dans nos bras.

Comme le Mur de sa froideur avait enfin cédé sous les assauts philosophiques de la maladie, surtout mortelle, il nous serrait lui aussi.

Ce fut un des plus beaux moments de ma vie.

Nous étions tous les trois.

Dois-je en dire plus ?

Oui, je le dois !

Nous nous sommes fait de grandes déclarations.

Nous nous sommes dit, effondrés, que… peu importait ce qui allait arriver – et nous savions tous ce qui allait arriver, hélas ! – rien, non, RIEN ne pourrait jamais changer le fait que nous nous aimerions toute notre vie.

« Nous nous aimerons toujours, toujours, et personne ne pourra jamais nous séparer ! »

Je me répète, je sais.

Mais, dans la douleur, chacun a droit à l'erreur.

Vénielle.

De la répétition.

Nous étions les trois effondrés.

C'était la première et dernière fois que nous pleurions les trois ensemble… à l'unisson.

La Sainte Famille, ou plutôt la Sainte-Trinité, le Père, le Fils (oui, c'était moi, malgré mon sexe, et en raison de mon cerveau d'homme peut-être) et la saine d'esprit, qui n'en menait pas large, car sa seule vraie vie, c'était mon père. Et elle voyait bien, malgré les larmes qui baignaient ses si beaux yeux, qu'il partait : c'était la première fois, à ma connaissance, qu'il lui disait vraiment qu'il l'aimait, qu'il nous aimait.

Ensuite, il a sombré dans le coma.

La veille de son décès, il en est brièvement ressorti. Je lui ai demandé s'il avait peur de la mort ; il a répondu, non sans esprit :

— Non, j'ai juste la chienne de ma vie !

Il a ajouté — et j'ai eu des frissons et j'en ai encore quand j'y pense :

« Je viendrai souvent toucher ta joue, pour te montrer ma présence. »

J'ai eu envie de pleurer.

Mais je ne l'ai pas fait.

À ses funérailles non plus, je n'ai pas pleuré. Je n'avais pas encore assez d'entraînement pour le faire aisément.

Old habits die hard ! (Les vieilles habitudes meurent difficilement.)

Mais surtout, oui, SURTOUT, je savais qu'il me surveillait de l'au-delà et je me disais : *Si tu veux qu'il vienne, comme promis sur son lit (de mort), toucher ta joue, rare tendresse dont il a toujours été si avare toute sa vie, ne pleure pas, ne pleure surtout pas, Eli !*

Mais comme j'avais trop de difficulté à résister à cette tristesse infinie qui montait en moi, je n'ai pas pu faire autrement que de prendre la fuite.

Spontanément.

Vers le paradis perdu de mon enfance.

33

Je suis la jeune millionnaire

Comme une somnambule, j'ai roulé à toute vitesse vers la fausse mais vraie oasis de mon enfance : l'aéroport de Mirabel !

Dans ma détresse, j'avais oublié que l'aéroport était fermé ou à peu près, pour raison d'administration ou de trop grands frais d'opération.

J'ai foncé aussitôt vers l'aéroport Pierre-Elliott-Trudeau.

Il me **fallait** voir partir des avions.

Et faire semblant que j'étais en vacances !

Avec mes parents.

Mes deux parents.

Encore vivants.

Dès que j'ai eu ma chambre, j'ai voulu descendre vers la piscine, car il y en avait une comme dans le Hilton de mon enfance.

Dès le *check-in*, pas *chicken* ou honteuse de ma nostalgie, j'ai revêtu le blanc peignoir, gracieuseté de l'hôtel, et, comme je n'étais plus enfant, sauf dans mon inutile souvenir, il n'était pas trop grand.

Au bord de la piscine, j'ai regardé des avions partir.

Nostalgique, j'ai repensé aux ultimes paroles prononcées par mon père et qui étaient en quelque sorte son héritage, son dernier message.

Qui vaut bien plus que des millions, je le comprends maintenant : il m'a dit, il m'a avoué que... il regrettait d'avoir bloqué toutes ses émotions et que... pour se résumer, puisque le temps nous presse et que je veux m'en tenir à l'essentiel : *LOVE, THIS IS MY SONG!*

Merci, mon petit papa, merci, le grand Charlot !

Je promets de tenter de vivre toujours par et pour l'amour.

De ne pas laisser le travail et l'ambition être toute ma vie, car à la fin ils nous dévorent, ogres insatiables, et font de nous des absents pour les gens qui nous aiment et qu'on ne prend pas le temps d'aimer.

Dans mon peignoir blanc qui m'allait comme un gant, pendant une heure, j'ai regardé les avions s'envoler.

Vers des vacances, pour la plupart des passagers.

Mais pour moi, vers mon passé.

Dont je comprenais enfin la leçon.

La vie m'a souvent donné des citrons : j'en ai fait de la « millionnade ».

Contre mauvaise fortune, il faut faire bon cœur.

Mes parents aussi m'ont parfois donné des fruits amers, mais aussi ceux, maladroits certes mais doucement sucrés, de leur amour vrai.

Au fond, si j'y pense, je suis le miroir de ma mère – et son contraire.

Je suis le miroir de mon père – et son contraire.

Je suis la jeune millionnaire.

22 juin 2014

Du même coauteur
chez Un monde différent

L'Ouverture du cœur : Les principes spirituels de l'amour incluant : *Le nouvel amour courtois*, Brossard, 2000, 192 pages.

Le Bonheur et autres mystères… suivi de *La Naissance du Millionnaire*, Brossard, 2000, 192 pages.

La vie est un rêve, roman autobiographique, Brossard, 2001, 208 pages.

L'Ascension de l'âme : Mon expérience de l'éveil spirituel, Brossard, 2001, 192 pages.

Le Testament du Millionnaire, sur l'art de réussir et d'être heureux, Brossard, 2002, 144 pages.

Les Principes spirituels de la richesse, suivi de *Le Levier d'or*, Brossard, 2005, 188 pages.

Le Millionnaire paresseux, suivi de *L'art d'être toujours en vacances*, Brossard, 2006, 240 pages.

Le Philosophe amoureux : L'amour, le mariage, et le sexe… au 21ᵉ siècle, Brossard, 2007, 192 pages.

Le Plus Vieux Secret du monde : Petit compagnon du Secret, Brossard, 2007, 176 pages.

Le Secret de la rose : Le dernier message du Millionnaire, Brossard, 2008, 192 pages.

L'Apprenti Millionnaire : le testament d'un homme riche à son fils manqué, Brossard, 2009, 192 pages.

Croyez en vous même si on vous trouve fou ! suivi de *Le bonheur d'être moi*, Brossard, 2010, 160 pages.

Lettre à un ami malheureux ou La Quête du bonheur, Brossard, 2011, 272 pages.

Le Petit Prince est revenu…, Brossard, 2013, 320 pages.

Pour commentaires

et demandes d'entrevues, conférences,

VENTES CORPORATIVES DE LIVRES,

allez sur :

ELIANE GAMACHE LATOURELLE, AUTEURE

Facebook :

La Jeune Millionnaire

www.lajeunemillionnaire.com

~

Facebook :

MARC FISHER, AUTEUR

www.marcfisher.biz